Dalel Kanzari
Kurosh Madani
Khaled Mellouli

Architecture d'agent hybride à comportement tempéramental et Rationnel

Dalel Kanzari
Kurosh Madani
Khaled Mellouli

Architecture d'agent hybride à comportement tempéramental et Rationnel

Simulation du comportement dans un processus de négociation automatisé

Presses Académiques Francophones

Imprint
Any brand names and product names mentioned in this book are subject to trademark, brand or patent protection and are trademarks or registered trademarks of their respective holders. The use of brand names, product names, common names, trade names, product descriptions etc. even without a particular marking in this work is in no way to be construed to mean that such names may be regarded as unrestricted in respect of trademark and brand protection legislation and could thus be used by anyone.

Cover image: www.ingimage.com

Publisher:
Presses Académiques Francophones
is a trademark of
International Book Market Service Ltd., member of OmniScriptum Publishing Group
17 Meldrum Street, Beau Bassin 71504, Mauritius

Printed at: see last page
ISBN: 978-3-8416-3281-4

Zugl. / Agréé par: ISG, Université de Tunis, thèse 2011

Architecture d'agent hybride à comportement tempéramental et rationnel

Simulation du comportement dans un processus de négociation automatisé

Auteur: Dr. Dalel Kanzari

Co-auteur(s) : Pr. Kurosh Madani, Pr. Khaled Mellouli

Table des matières

1

2

3

5

Chapitre 1: Introduction générale

Cet ouvrage s'inscrit dans le cadre du développement des nouvelles technologies des sciences de l'information et du traitement des connaissances appliquées au domaine de la négociation automatisée. En particulier, il vise la modélisation d'un système interactif entre deux agents autonomes, basés sur des systèmes d'aide à la décision, en vue d'automatiser un processus de négociation bilatérale.

Dans ce contexte, un processus de négociation bilatérale est représenté par une succession itérative de tours dont chacun est composé d'une proposition d'un agent et d'une contre- proposition de son adversaire. La succession d'offres et de contre-offres reflète la concession des deux parties vers une zone commune (zone dans l'espace des paramètres des deux agents) appelée « *zone d'accord* ». Cette zone est encadrée par deux valeurs limites dénotant les valeurs réservées des deux adversaires. Si cette zone est atteinte alors la négociation est réussie sinon elle échoue.

Plusieurs travaux ont étudié les facteurs éminents régissant le processus de négociation parmi lesquels ceux de Faratin (1). Ce dernier propose un modèle comportemental dépendant du temps, dans lequel la variation en fonction du temps de la proposition (ou de la contre-proposition) de l'agent négociateur est interprété en terme de traits de caractère de l'agent (agent agressif, conciliateur, ou neutre) et influence le processus de négociation et le résultat de celui-ci. Dans ce contexte, si l'agent est agressif alors sa concession vers la valeur réservée sera lente (elle n'est abordée qu'à un délai maximal de négociation), sinon si l'agent est conciliateur alors la

7

vitesse de concession est rapide.

Ainsi dans le modèle de Faratin, l'évolution d'un processus de négociation dépend, outre que d'autres facteurs agissants sur ce dernier, aussi d'une certaine manière des tempéraments des agents négociateurs. Il est important de noter que la modulation du comportement de l'agent en fonction du temps dans le modèle proposé par Faratin ne permet en aucun cas de modéliser réellement les traits de caractère au sens psychologique du terme, mais introduit un levier qui dans certains cas permet de colorer le comportement de l'agent négociateur de l'un des traits de caractères précédemment évoqués (agressif, conciliateur, ou neutre).

Il est également pertinent de noter que l'estimation des différents facteurs régissant l'évolution du processus de négociation pour atteindre d'accords mutuels compte tenu d'intérêts conflictuels nécessite des techniques de représentation des connaissances incertaines et des techniques de prise de décision rationnelles.

Dans les approches que nous exposons dans le présent ouvrage, nous intégrons des techniques de l'intelligence artificielle impliquant le système d'agent autonome (2), la logique floue (3) et la théorie des jeux (4) afin d'apporter des solutions aux problèmes des stratégies de négociation conflictuelles, compétitives, et coopératives (1). Dans une telle structure un agent devra être capable d'apprendre des comportements de négociation (de coopération, de compétition, ou de neutralité) lui permettant de s'adapter intelligemment aux éventuels changements de l'environnement (selon le comportement d'un agent adversaire), et d'avoir une stratégie de raisonnement rationnelle lui permettant d'optimiser la réalisation de ses objectifs.

Afin de mettre en œuvre ces différentes considérations, nos travaux de recherche portent sur la modélisation d'un agent négociateur reposant sa prise de décision sur la combinaison de deux approches stratégiques complémentaires :

- La première approche étudie le tempérament de l'agent au cours du processus de négociation. Elle est basée sur l'évaluation de la personnalité de l'agent au cours du processus de négociation et l'impact de celle-ci sur sa prise de décision. Plus explicitement elle met l'accent sur la variation des traits de caractères de l'agent négociateur, tels que conciliateur, agressif, ou neutre, et son effet sur le processus et le résultat de la négociation (5) . Le but de cette approche est d'atteindre les objectifs souhaités de l'agent tout en variant le caractère comportemental envers l'adversaire.

- La deuxième approche étudie la démarche rationnelle de l'agent au cours du processus de négociation. Cette dernière est représentée par un jeu séquentiel à information incomplète entre deux agents négociateurs d'intérêts initialement conflictuels. (6). Dans cette perspective l'agent rationnel doit anticiper en tenant compte des objectifs de son adversaire dans sa prise de décision. Le but est de créer un intervalle d'entente avec l'adversaire afin d'arriver à un compromis final mutuellement bénéfique.

La combinaison de ces deux approches forme un système à démarche (stratégie) hybride tirant profit des avantages des approches précitées. L'objectif d'un tel ce système est d'améliorer les critères de performance d'une prise de décision dépendante d'une part d'un comportement tempéramental et d'autre part d'un mécanisme rationnel dont le but commun est la réalisation des objectifs souhaités de l'agent.

Dans le contexte préposé, les concepts présentés et des systèmes issus de ceux-ci seront approuvés par une étude expérimentale des performances du processus de négociation automatisé régi par ces concepts. Les critères de performances sont tels que :

⁻ Les utilités des joueurs issues du processus de négociation,

⁻ La durée de la négociation,

⁻ Et le taux d'échec des différents scénarios de négociation basés sur des démarches précités.

 Le présent ouvrage est organisé selon le plan suivant :

❖ **Première partie : Revue de la littérature**

Dans cette partie nous allons présenter les concepts fondamentaux de la négociation automatisée, l'architecture générique ainsi que les actions, les stratégies et les protocoles régissant ce concept. Nous allons également présenter les modèles existants de négociation électronique, tout en mettant en relief leurs avantages et leurs inconvénients.

❖ **Deuxième partie : Combinaison des comportements tempéramentaux et rationnels d'un agent intelligent pour la simulation d'un comportement de négociation automatisée**

Dans cette partie nous allons développer un modèle d'un agent autonome fondé sur une architecture complexe composée de sous-systèmes de prise de décision indépendants en interactions perpétuelles.

Le modèle forme une entité dynamique de négociation caractérisée par un comportement tempéramental (basée sur des traits de caractères tels qu'agressif, conciliateur ou neutre) reflétant une personnalité distinguée et un raisonnement rationnel pour une décision optimale et raisonnable. Ces sous-systèmes qui décrivent des solutions stratégiques potentielles du processus de négociation, seront présentés respectivement dans les chapitres suivants:

- Le chapitre 3 présente le sous-système du mécanisme rationnel basé sur la stratégie des jeux dont le but principal est d'aboutir à des accords mutuels « gagnant-gagnant » entre les deux joueurs. Dans ce chapitre nous allons développer en premier lieu, l'impact des techniques de la théorie des jeux dans la recherche de l'espace des propositions faisables et gagnantes.

- Le processus de la négociation bilatérale sera modélisé par un jeu répétitif à information incomplète, sous sa forme extensive, entre deux agents compétitifs. A chaque tour du jeu, l'agent Rationnel doit prévoir la valeur d'équilibre qui mène à un accord avec son adversaire. L'objectif est de détecter la stratégie du partenaire et de prédire dynamiquement ses préférences pour les intégrer dans le processus de prise de décision de l'agent rationnel.

- Ensuite le modèle rationnel sera appliqué pour simuler le comportement de négociation d'un acheteur rationnel contre un vendeur de stratégie dépendante du temps.

- Enfin une évaluation empirique sera réalisée pour mettre en relief les performances et les faiblesses de la stratégie rationnelle par rapport à la stratégie dépendante du temps.

- Le chapitre 4 présente le sous-système à inférence basé sur le tempérament. La modélisation (d'un tel comportement de négociation) s'effectue par une stratégie floue basée sur les traits de caractères de l'agent négociateur. Dans ce chapitre nous allons développer tout d'abord, la notion de la dynamique du comportement tempéramental de l'agent au cours du processus de négociation suite à chaque proposition de l'adversaire et la prestation de la contre-proposition correspondante. En effet, la variation du tempérament de l'agent sera contrôlée par un système basé sur des techniques issues de la logique floue apportant ainsi une solution au problème d'évaluation des valeurs controuvées des paramètres régissant les comportements de coopération et de compétitivité de l'agent. Les concepts étudiés seront ensuite appliqués à une étude de cas mettant en œuvre un processus de négociation bilatérale du prix d'un bien où un acheteur dont le tempérament est régi par un mécanisme floue négocie contre un vendeur de stratégie dépendante du temps (du point de vue acheteur). L'agent, influencé par sa personnalité adapte dynamiquement son comportement tempéramental corrélativement à celui de son rival et fournit en conséquence l'offre la plus adéquate pour la réalisation de ses objectifs. Enfin une évaluation empirique, menée sur la base d'une étude comparative entre la stratégie floue basée sur le tempérament et la stratégie dépendante du temps, sera réalisée pour montrer les traits de performance et de faiblesse de cette stratégie.

- Le chapitre 5 est dédié à la conduite de la négociation combinant les mécanismes de rationalité et de comportement tempéramental. L'objectif est de tirer profit des avantages des deux approches afin d'améliorer la performance du processus de négociation et des résultats de ce processus en termes du gain final réalisé, la durée de négociation, le taux de réussite, etc.

- Ainsi, l'intégration des trois sous-systèmes (rationnel, temporel et tempéramental) construit un modèle hybride dit modèle « Tempéro-Rationnel » mettant en œuvre des techniques de la logique floue et des techniques de la théorie des jeux visant à approcher un comportement plus semblable à celui d'un négociateur humain (toute proportion gardée). Ainsi, le modèle Tempéro-Rationnel pourrait être utilisé pour concevoir des stratégies favorisant la recherche d'un compromis dans un contexte d'intérêts conflictuels (des agents négociants) tout en préservant les finalités de chacune des parties impliquées dans la négociation. Une étude expérimentale portant sur la négociation du prix d'un bien entre un acheteur Temppéro-Rationnel et un vendeur de stratégie dépendante du temps sera présentée. Cette étude montrera les avantages d'une telle combinaison par l'amélioration des gains réalisés par des joueurs (négociateurs), l'augmentation du taux de réussite et la diminution de la durée de la négociation.

- Le dernier chapitre (chapitre 6) conclura les travaux de l'ouvrage et tracera les perspectives de celui-ci.

Chapitre 2: La négociation Automatisée à base d'agents intelligents

1. Introduction

La négociation artificielle est une démarche, inspirée du modèle humain, par laquelle les parties concernées confrontent leurs positions en vue d'aboutir à un accord. Elle désigne un mécanisme de résolution de conflits et de coordination entre les participants négociateurs (7) (8).

La négociation automatisée à base d'agents intelligents (9) est une interaction entre deux ou plusieurs entités autonomes d'intérêts généralement antagonistes, dont l'objectif est de trouver un compromis commun répondants mutuellement aux finalités de leurs objectifs.

Plusieurs travaux ont défini la négociation automatisée selon le domaine d'application concerné et les objectifs poursuivis. Par exemple :

- Albin (10) a défini la négociation comme «Un processus de conciliation entre deux positions d'intérêts différents vers une seule décision conjointe. Il s'agit de prendre une décision en l'absence de règles régissant la prise des décisions ou dans un contexte où l'unique règle en vigueur stipule que toute décision doit être unanime ».

- Faure (11) a défini la négociation en tant qu'un processus par lequel deux ou plusieurs parties interagissent dans le but d'atteindre une position acceptable au regard de leurs divergences.

15

Chaque situation de négociation découle d'un besoin de coordination entre les négociateurs en l'absence de règles ou de procédures précises préétablies.

– Faratin (12) l'a présenté comme est une forme clé d'interaction dans les systèmes qui sont composés d'agents autonomes multiples. Le but de telles interactions est d'atteindre des accords par un processus itératif d'offres et de contre-offres. Le contenu de chaque offre est fonction de la stratégie des agents.

L'objectif final est de s'accorder sur un ou plusieurs points, concernant un engagement mutuel sur l'avenir. La solution finale éventuelle, librement consentie, est mutuellement acceptable. Cet accord est en effet volontaire, il peut aboutir à une réussite ou à un échec du processus de négociation.

La suite de ce chapitre est organisée comme suit : dans la Section 2 nous présenterons le processus de la négociation à base d'agents intelligents, ensuite en Section 3 nous exposerons les principaux fondements théoriques pour la modélisation de la négociation automatisée, et nous clôturons ce chapitre par la Section 4 comme conclusion.

2. Le processus de la négociation automatisée à base d'agents intelligents

Le processus de négociation automatisée à base d'agents intelligents désigne l'interaction dynamique, sous forme d'une séquence d'offre et de contre-offre, entre des systèmes autonomes sur un ou plusieurs objets de négociation (13). Le but est de converger à une position médiane d'accords mutuels entre les parties en négociation tout en préservant les objectifs individuels de chaque partie impliquée.

L'agent négociateur participe au processus de recherche de l'ensemble des offres acceptables par les négociateurs en compétition. Chaque agent, doté de connaissances, de croyances et de préférences, conduit un processus de prise de décision qui mène à réaliser des objectifs délégués par son concepteur (14) (15).

Le nombre d'agents participants détermine le type de la négociation. Généralement on peut classer la négociation automatisée en deux catégories (16) (17) :

La négociation bilatérale (un–à-un) : deux agents, présentant un conflit d'intérêts, négocient sur une ou plusieurs issues, portant sur un ou plusieurs attributs.

La négociation multilatérale (plusieurs-à-plusieurs/ou un-à-plusieurs) (18): plusieurs agents négocient sur un ou plusieurs objets, portant sur un ou plusieurs attributs. Nous citons dans cette catégorie l'exemple des enchères et des votes.

Dans la présente approche nous allons modéliser la négociation automatisée bilatérale.

2.1 La négociation automatisée bilatérale

La négociation automatisée bilatérale (19) présente un espace virtuel où deux agents intelligents distants échangent des informations et tendent à converger vers un accord commun garantissant leurs intérêts mutuels. Ce processus nécessite une plateforme et des normes standards de communication entre les deux agents. Par exemple dans la Figure 1 le processus de négociation bilatérale entre deux agents A et B est présenté par une séquence itérative d'échanges mutuels de proposition/contre-proposition.

17

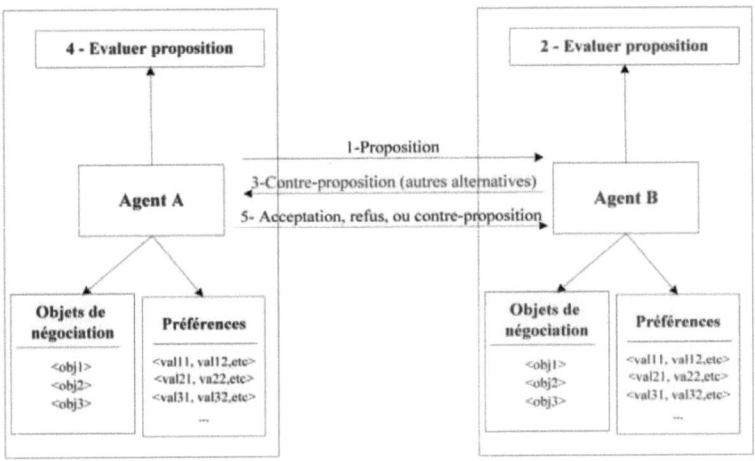

Figure 1: Processus séquentiel d'une négociation bilatérale

L'agent négociateur définit généralement un ensemble d'objets de négociation, des préférences internes et des solutions potentielles satisfaisants ses préférences.

Pour chaque proposition reçue sur un objet de négociation, l'agent négociateur l'évalue en la confrontant à ses propres préférences, s'il est satisfait il l'accepte sinon il la rejette et contre-propose.

2.2 Modèle générique de la négociation bilatérale automatisée

Le modèle générique de négociation automatisée désigne le prototype que l'agent utilise pour prendre des décisions pendant la négociation quelque soit le cas réel traité. La prise des décisions est basée primordialement sur la stratégie de négociation qui permet de déterminer quelle primitive de négociation l'agent doit choisir à un instant donné et sous quelles conditions.

Pour prendre une décision adéquate, un agent doit être capable de faire un raisonnement stratégique, notamment raisonné en tenant compte de la stratégie et du modèle de décision de l'autre agent négociateur.

Ainsi le processus de négociation bilatérale, de point de vue agent négociateur, peut être résumé par la Figure 2. En fait, à chaque structure de problème, l'agent prépare une proposition qui lui est satisfaisante et acceptable par son adversaire à partir d'un ensemble des propositions faisables :

– Si cette proposition est acceptée par son adversaire alors le processus se termine avec succès,

– Sinon l'agent doit la modifier à fin d'arriver à un accord final avec son rival.

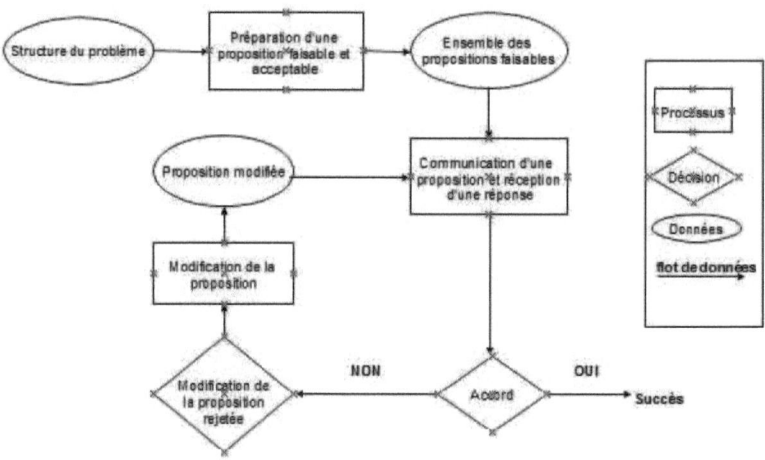

Figure 2: Le diagramme de flot de tâches génériques du processus de négociation

19

Le processus séquentiel de proposition et de contre-proposition, résumé par la Figure 2, est fondé sur le protocole de négociation.

2.3 Protocole de négociation automatisée

Le protocole de la négociation automatisée (20) définit :

- l'ensemble des règles qui régit la négociation
- l'ensemble des participants dans la négociation,
- les propositions légales que les participants peuvent faire,
- les états de la négociation (par exemple l'état initial où commence la négociation, l'état où on accepte des soumissions ou la fin de la négociation)
- et une règle de test déterminant l'aboutissement final à un accord ou l'arrêt par échec du processus de négociation.

Par exemple le protocole de négociation bilatérale entre un acheteur et un vendeur établit un échange d'information entre les deux parties sur plusieurs tours d'offres et de contre-offres. Chaque tour présente un point de prise de décision pour les deux parties contribuant à la réalisation des objectifs de conception initiaux. La terminaison du processus de négociation (réussie/ou échouée) est basée sur une règle de test mettant en jeu les objectifs des adversaires à réaliser et le délai maximal de négociation.

2.4 Les phases de la négociation automatisée

La négociation automatisée se déroule principalement en quatre phases (21):

– **Préparation :**

La préparation de la négociation automatisée consiste à analyser les intentions relationnelles avec la ou les parties adverses, à définir ses propres objectifs et besoins, à être capable de les exprimer de manière claire, à rassembler les outils aptes à les soutenir et à s'informer sur ceux de la partie adverse.

– **Pré-négociation :**

La pré-négociation est la prise de contact entre les protagonistes pour constituer le premier échange coopératif. Elle comprend la définition des règles du jeu (mode de négociation, conduite), du cadre commun de la négociation (il doit être assez large pour intégrer les points de vue de l'ensemble des parties), de l'espace commun de référence (documents, lois, etc.) et l'établissement d'un calendrier (dates des rencontres et ordres du jour).

C'est une première analyse commune de la situation, présentant un examen de la relation interpersonnelle des protagonistes (rapports de force, partis pris, hostilité) et un échange d'informations des deux parties.

Enfin, la pré-négociation est la phase où l'on détermine les intérêts en jeu et où l'on scinde éventuellement un projet trop lourd (qui contient des enjeux trop complexes) en plusieurs projets plus légers et plus simples à régler.

– **Négociation :**

La négociation du contenu consiste à informer et découvrir (chacune des parties communique ses objectifs, questionne, consulte les informations reçues, etc.), puis à proposer un « accord » qui réponde aux objectifs et besoins de chacun. Cette phase induit, si la discussion s'enlise, des moments de réflexion et de rejet si l'ensemble des solutions est infaisable.

– **Post-négociation :**

La post-négociation accompagne l'exécution et la mise en œuvre du contrat et évalue la qualité de la négociation en jugeant de la satisfaction des parties sur la(les) solution(s) aboutit(s).

2.5 Les objets de la négociation automatisée

Un objet abstrait comprend les attributs qu'on veut négocier; dans certains cas il s'agit de négocier uniquement le prix, mais dans d'autres cas il faut aussi négocier plusieurs attributs comme le temps nécessaire pour satisfaire une commande, la qualité des produits, la quantité, etc.

2.6 Les types de la négociation automatisée

Un processus de négociation peut aboutir à trois situations (22):

La première situation voit les deux parties gagnantes (gagnant/gagnant), témoigne de consensus judicieux, d'une recherche fructueuse du plus grand dénominateur commun, ce qui aboutit à la création d'un nouvel équilibre meilleur pour chacun et satisfaisant les intérêts des deux parties. Le résultat, un « jeu à somme positive », fait état d'une négociation à dominante coopérative.

La seconde établit un gagnant et un perdant (gagnant/perdant) et engendre une situation de domination et de soumission, source potentielle de conflit ultérieur. Le résultat tient d'une négociation à dominante conflictuelle, faite de concessions ou de compromis, et aboutit à un « jeu à somme nulle ».

La troisième situation établit les deux parties en position de perdantes (perdant/ perdant), atteste d'accords non judicieux, engendre des frustrations réciproques et un conflit ultérieur certain. Le résultat fait état d'une négociation à dominante conflictuelle, ce qui crée un « jeu à somme négative ».

Pout parvenir à un gain mutuel « gagnant/gagnant », les parties en jeu doivent prendre en considération les gains et les préférences des parties opposantes dans leur prise de décision.

3. Les fondements théoriques pour la modélisation de la négociation automatisée

3.1 Théorie de la décision Probabiliste

L'objectif de l'application de la théorie de probabilité dans la négociation automatisée (23) est de réduire l'incertitude sur les préférences de la partie adverse en mesurant la quantité d'informations contenues dans chaque proposition de celle-ci.

Dans ce modèle l'incertitude au sujet des conséquences d'une décision d est modélisée par une distribution de la probabilité: $S \rightarrow [0,1]$ qui assigne à chaque état possible une valeur de la probabilité. Les préférences des décideurs sont chiffrées par la fonction de l'utilité $u : S \rightarrow [0,1]$. Si la probabilité de la distribution est construite pour chacune des décisions possibles, alors l'utilité estimée peut être calculée pour chacune de ces décisions:

$$EU(d) = \sum_x p_d(x).u(x)$$

Ainsi, afin de maximiser son gain, un agent choisit la décision avec la plus grande utilité estimée.

3.2 L'inférence basée sur les contraintes

La négociation est considérée comme un problème de satisfaction des contraintes distribuées (de chaque partie) réparties entre les agents en coordination afin de trouver une solution qui satisfait toutes les contraintes [(24), (25), (26)]. Les contraintes portent sur les objets de la négociation. Les agents négociateurs échangent itérativement leurs solutions préférées (des valeurs des objets) sous la forme d'offres, et décontractent leurs préférences et contraintes à partir de leurs stratégies heuristiques de la négociation, jusqu'à ce que toutes les contraintes sont satisfaites et un accord est atteint.

Le problème de satisfaction des contraintes est décrit par le triplet (X, D, C) (19) ou :

- $X = \{x_i | i = 1, ..., n\}$: l'ensemble des variables des contraintes.

- $D = \{d_i | i = 1, ..., n\}$: l'ensemble des domaines des variables $x_i \in X$

- $C = \{R_i | R_i \subseteq \prod x_{j \in var(R_i)} d_j, i = 1 \dots m\}$: l'ensemble des contraintes R_i, avec $var(R_i)$ l'ensemble des variables des contraintes R_i.

3.3 Apprentissage Bayésien

Le modèle Bayésien permet la mise à jour des croyances d'un agent au sujet d'autres agents (27). Au début de la négociation l'agent acquiert de la connaissance. Cette connaissance consiste à des renseignements au sujet de l'environnement de l'autre joueur. Dans l'approche Bayésienne cette connaissance est chiffrée dans une forme de distributions de la probabilité subjectives. Par exemple avoir des croyances sur la fonction d'utilité de l'autre agent, de son prix réservé, de son délai de négociation, etc., par l'observation de l'historique des offres proposées par ce dernier, et raisonner sur la base de ces croyances (28).

Selon (27) la négociation peut être modélisée par le 10-tuple $(N, M, \Delta, A, H, Q, \Omega, P, C, E)$ défini par :

- N : ensemble des agents négociateurs

- M : ensemble des issues de négociation (prix d'un bien, qualité, mode paiement, etc.)

- $\Delta \equiv \{(D_j)_{j \in M}\}$: ensemble des vecteurs dont les éléments décrivent chaque dimension d'un accord en négociation

- A: ensemble des actions possibles des agents négociateurs, $A = \Delta \cup \{accepter, quiter\}$

- H : ensemble des offres historiques des agents négociateurs

- Q : fonction réponse d'un agent négociateur qui génère, à partir des offres historiques des autres agents, la contre-offre correspondante.

- Ω : ensemble des connaissances (sur les paramètres de l'environnement) et des croyances d'un agent négociateur sur les autres négociateurs (prix réservés, fonctions de récompenses, délais de négociation, etc)

- P : distribution subjectives des probabilités de l'ensemble des connaissances et des croyances définies sur Ω

- C: coût associé à la perte du temps avant l'action terminale {accepter, quiter}

- E : fonction d'évaluation d'une action terminale

3.4 La négociation automatisée vue sous l'angle de la Théorie des Jeux :

La négociation raisonnée cherche à construire un équilibre qui augmente la valeur de la collaboration entre les parties. Elle garde comme objectif principal la satisfaction des intérêts respectifs et cherche à aboutir à un accord judicieux afin d'obtenir l'essentiel en proposant des réponses acceptables.

L'application de la stratégie des jeux au processus de la négociation a pour objectif la recherche de l'entente avec l'adversaire en oubliant ses propres intérêts au profit de ceux de l'autre et la recherche de la satisfaction des intérêts personnels de chaque partie. Basée sur la coopération, la négociation est vue comme une recherche d'accord entre des partenaires plutôt que entre des adversaires.

Elle exige que la compréhension et la définition de l'enjeu soient communes aux négociateurs. Cette approche permet de « créer de la valeur » et mener au partage de cette valeur (29).

La négociation basée sur la stratégie des jeux suppose le respect de quatre principes fondamentaux (30):

Séparer les intérêts des personnes de ceux du problème négocié. En effet, les tensions personnelles entre les protagonistes ne doivent pas influencer la recherche de compromis rationnel.

Mettre en évidence les objectifs visés de chaque partie plutôt que de garder des positions rigides durant la négociation. Le but d'une négociation étant de satisfaire les intérêts de chacun, il s'agit d'imaginer de nouvelles propositions satisfaisantes pour les différentes parties.

Opter pour la proposition de plusieurs choix avant la prise de décision finale. Une négociation nécessite du temps pour l'échange des points de vue, la réflexion et la formulation de solutions. Plus il y a de propositions de solutions plus on s'approche d'une décision finale optimale pour le respect des intérêts en jeu.

Justifier la discussion et la décision finale par des critères impartiaux et neutres, indépendants des positions subjectives des parties, par exemple des textes de lois, des faits avérés, des données statistiques reconnues, etc.

Par exemple, la démarche « gagnant/gagnant » dans une négociation (31), désigné comme « stratégie des gains mutuels » (32) ou « négociation raisonnée » (30), est une pratique sociale constructive qui fait appel à des efforts de raisonnement rationnel dans la prise de décision. Ce type de démarche et le raisonnement qu'elle implique peuvent être vus sous l'angle de la théorie des jeux et de ce fait être modéliser comme un « jeu de stratégie » (33).

Les principaux avantages de ce modèle sont:

- Classification du processus de négociation (gagnant/ gagnant, gagnant/ perdant, perdant/ perdant ...),

- Analyse mathématique rationnelle du problème de négociation,

- Possibilité de négocier avec des renseignements (sur l'autrui) incertains et vagues.

4. Conclusion

La négociation automatisée à base d'agents a pour objectif de trouver des compromis entre des entités autonomes d'intérêts initialement antagonistes. Les outils et les méthodes de l'aide à la décision comme ceux issus des techniques et probabilistes, ceux issus de la théorie des jeux ou ceux dérivant de l'intelligence artificielle (arbres de décision, l'apprentissage artificielle, la logique floue, etc.), peuvent être mise à contribution pour modéliser l'évolution d'une négociation automatisée dans la recherche d'une série de compromis vers des objectifs escomptés de chacune des entités participant. Ces fondements théoriques et des approches dérivées peuvent apporter des solutions originales dans la convergence des parties engagées dans la négociation vers des positions équilibrées favorisant un (des) gain(s) mutuel(s) des entités engagées tout en optimisant les critères de performance propres au processus de négociation (comme optimiser le temps de la négociation ou garantir un accord mutuel final, etc.).

Chapitre 3: Approche à la Négociation automatisée à base d'agent rationnel

1. Introduction

Dans le chapitre précédent nous avons passé en revue les principaux modèles existants de négociation automatisée lesquels, bien que modélisant une concurrences entre entités d'objectifs initialement antagonistes, présentent les risques majeurs de désaccord final (non aboutissement à un compromis) et de ce fait, un engagement à temps perdu dans un processus présentant un risque avéré d'échec.

L'objectif de la présente approche est de trouver des solutions à ces menaces en se basant sur le principe de collaboration et de partage des gains entre des parties d'intérêts conflictuels à travers un jeu de négociation coopératif. Le but est de créer une satisfaction globale entre les entités négociatrices en suscitant des interactions convergente et répondant à leurs intérêts individuels.

Plus précisément nous nous somme intéressés, dans ce chapitre, à modéliser la négociation bilatérale entre un agent (a) et un agent (v) pour la valeur d'un bien tout en intégrant la technique de la théorie des jeux. Le choix de cette technique revient à son aptitude de prise de décision rationnelle dans un environnement compétitif de négociation appauvrit en information sur l'ensemble des stratégies de l'adversaire. (34)

Dans cette perspective le processus de négociation est modélisé comme un jeu séquentiel de négociation entre deux joueurs autonomes d'intérêts (initialement) conflictuels. La suite de ce chapitre est organisée comme suit : 2. Le jeu de négociation bilatéral, 3. Equilibre des sous-jeux de négociation, 4. Evaluation et validation de l'approche rationnelle, et 5. Conclusion.

2. Le jeu de négociation bilatérale (gagnant/gagnant)

Le jeu de négociation bilatérale (gagnant/gagnant) est représenté par une suite consécutive de tours dont chaque tour est composé d'une proposition d'offre et d'une contre-offre sur la valeur d'un objet de négociation. L'ensemble de ces offres et de contre-offres forme l'espace de concessions des deux joueurs dont le but principal est d'aboutir à un compromis final et de bénéficier des gains mutuels. L'offre acceptée par les deux parties appartient à une zone délimitées par les offres réservées limites des deux joueurs appelées zone d'accord.

Par exemple dans la **Figure 3**, la négociation bilatérale entre les deux agents (a) et (v) sur le prix d'un bien commence à l'instant t_0 / $tour_0$ et finit en cas de compromis à l'instant tmax (tmax $\leq$ délai de négociation des deux joueurs) / $tour_x$ avec la proposition P^{tmax} (ou P^*) appartenant à la zone d'accord:

- S'il y a un accord, suite à la proposition P*, alors les joueurs (a) et (v) ont respectivement les gains G_a et G_v définis par

$$G_a = P_a^r - P^*$$
$$G_v = P^* - P_v^r$$

- Sinon les gains des deux joueurs sont nuls :

$$G_a = G_v = 0$$

P_v^r et P_a^r étant les propositions limites réservées de l'agent (v) et l'agent (a)

32

bornant la zone d'accord de négociation.

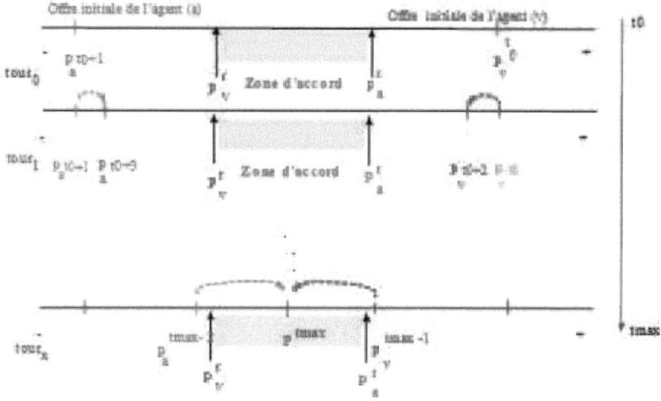

Figure 3: Les tours du jeu de négociation bilatérale entre deux agents (a)

Comme présenté par la Figure 3, à chaque réception d'une offre de l'adversaire, un joueur prend l'une des décisions suivantes:

- Accepte l'offre et calcule le gain relatif

- Refuse l'offre et acquiert un gain nul

- Contre-propose une nouvelle offre en vu d'avoir un gain souhaité

Ce processus s'itère sur des tours successifs de proposition/contre-proposition jusqu'à l'achèvement du délai de négociation d'un des deux joueurs ou l'acceptation d'une solution P^* appartenant à la zone d'accord :

$$p^* \in [P_v^r \ P_a^r]$$

Les valeurs réservées P_v^r et P_a^r font parti des modèles internes de

33

négociation des deux joueurs (v) et (a).

Le modèle interne de négociation définit entre autres:

- Une base des stratégies et des tactiques: l'ensemble des règles d'expertise activées selon les cas présents confrontés. Cette base est construite progressivement à partir de l'historique des expériences réalisées.

- Des valeurs réservées limitent : valeurs ultimes de l'intervalle de variation des variables décisionnelles. Elles font parties des préférences d'un agent.

- Une estimation approximative des variables inconnues du modèle interne de négociation de l'adversaire à partir de l'historique des transactions. L'objectif de cette estimation est de délimiter les bornes de la zone d'accord afin d'arriver à un compromis avec l'adversaire tout en optimisant les préférences individuelles de l'agent.

Ainsi la succession d'offres/contre-offres au cours du processus de négociation, forme un arbre de jeu itératif bilatéral à structure séquentielle dont chaque nœud est un point de prise de décision d'un joueur i (Accepter | ou Refuser une offre, ou contre-proposer P^i). Comme présenté dans la Figure 4, l'agent (v) entame le processus de négociation en offrant la proposition P^{v1} à l'agent (a).

Ce dernier choisit l'une des décisions suivantes :

- Accepte l'offre et calcule le gain correspondant

- Refuse et finit la négociation par un gain nul

- Contre-propose avec une nouvelle offre

Ce processus de prise de décision des deux parties se répète itérativement jusqu'à l'aboutissement à un accord final et le partage du gain relatif entre les deux joueurs ou à l'expiration du délai de négociation et la terminaison du processus de négociation avec un échec (gain nul pour les deux parties).

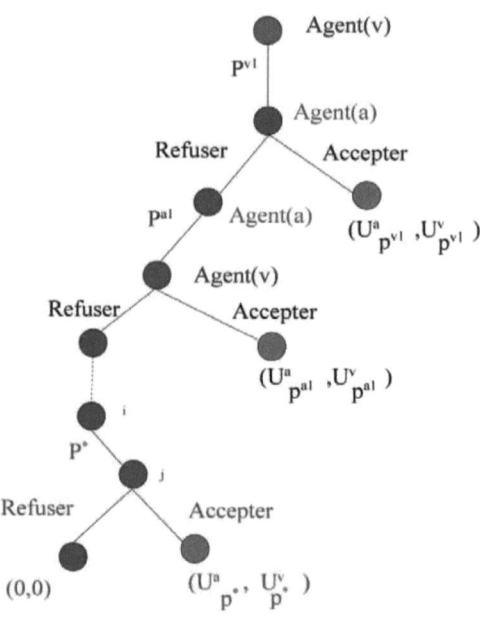

Figure 4: Arbre du processus de négociation bilatérale

Aux différents nœuds et arcs de l'arbre, présenté dans la Figure 4**Erreur ! Source du renvoi introuvable.**, sont assignées des variables descriptives définies come suit :

- P^i : proposition (ou contre-proposition) d'un joueur i; $i = \{a,v\}$,

  o $i(j)$=agent (v) si i est impair (pair),

  o $j(i)$=agent (a) si i est pair (impair),

- $U_a^k = P_a^r - P^k$: utilité (**ou gain réalisé**) de l'agent (a) à l'instant k en acceptant la proposition P^k,

- P_a^r : proposition réservée (limite) de l'agent (a),

- $U_v^k = P^k - P_v^r$: utilité (**ou gain réalisé**) de l'agent(v) à l'instant k en acceptant la proposition P^k,

- P_v^r : proposition réservée (limite) de l'agent (v),

Dan cette modélisation arborescente du processus de négociation, l'agent rationnel (l'agent (a)) vise à aboutir à un compromis avec son adversaire tout en satisfaisant ses propres objectifs et préférences. Autrement dit sa prise de décision au niveau du nœud correspondant dépend d'une part de ses préférences et d'autre part de l'estimation des préférences de son adversaire.

2.1 Préférences d'un joueur négociateur:

Le processus itératif de jeu de négociation ne peut s'achever sans échec que si les deux parties arrivent à trouver un compromis entre eux, qui garantit l'accomplissement de leurs objectifs et de leurs préférences. Les préférences dénotent les valeurs souhaitées des variables décisionnelles d'un agent tel que la valeur d'un bien, le temps maximal de négociation, etc. Ces paramètres influencent la prise de décision finale d'un agent qui préfère les offres qui répondent plus à leurs préférences.

D'une manière générale, à un nœud de décision, un joueur $i\left(\frac{a}{v}\right)$ à un instant T, **préfère** $u=(U_a^T,U_v^T)$ à $v=(U_a^T,U_v^T)\in\Re^2$ ssi $Ui>Vi$ (35; 36) avec Ui et Vi les utilités des joueurs i.

Mais cette condition n'est satisfaite que si au moins l'une des deux parties, dite partie coopérative ou partenaire, prend en considération les préférences de son adversaire dans sa prise de décision et offre une proposition P' qui optimise en même temps sa propre utilité et l'utilité de son adversaire: cette proposition d'offre, dite préférée, forme un point **d'équilibre du jeu de négociation entre les deux joueurs.**

2.2 Equilibre du jeu de négociation

Par définition, le point d'équilibre P^* tend à maximiser la paire d'utilité (U_a^T,U_v^T) des deux joueurs à l'instant T, autrement P^* est la solution de:

$$\max\left(U_a^T,U_v^T\right)(37;38)$$

Dans la présente approche de négociation bilatérale P' est solution de :

$$\max\left(P_a^r-P^*,\ P^*-P_v^r\right)(39)$$

D'après l'équation dessus le point d'équilibre P^* est fonction des deux valeurs réservées P_a^r et P_v^r des joueurs (a) et (v), mais dans un environnement réel ces valeurs sont imperceptibles par les membres négociateurs.

Le problème d'information incomplète (relative aux valeurs réservées) mène à diviser le jeu de négociation en un ensemble fini de sous-jeux séquentiels et à chercher les solutions potentielles d'équilibre à l'intérieur de ces sous-jeux.

Le choix de division du jeu en sous-jeux séquentiels est dû à la visibilité de l'information sur les stratégies poursuivies des joueurs à partir de l'historique des transactions et à la contribution des équilibres des sous jeux à l'aboutissement de l'équilibre global du jeu de négociation. (40)

3. Equilibre des sous-jeux de négociation

Le principe de cette solution est de former à partir de l'arbre du jeu séquentiel un ensemble de sous-arbres consécutifs, d'information complète, appelés sous-jeux de négociation (41) (présentés dans la Figure 5).

- Un sous-jeu est une partie du jeu original qui peut être traitée d'une manière autonome, c'est à dire formant un jeu réduit à part entière.

- A chaque sous-jeu les informations sur les décisions antérieures de l'adversaire sont connues.

- Il commence par un nœud de prise de décision et inclut tous les nœuds successeurs.

- Les sous-jeux ne se croisent pas.

L'objectif principal de cette technique est de pallier au problème de manque d'information sur le sous-modèle de négociation de l'adversaire par l'estimation de ses variables cachées à travers l'historique des transactions. L'agent rationnel cherche au sein de chaque sous-jeu l'ensemble de solutions potentielles faisables qui répondent à la fois à ses propres intérêts et à celles de son adversaire. Ces solutions appelées **points d'équilibres parfaits des sous-jeux** de négociation prennent en considération (entre autres variables) la dernière proposition de l'adversaire.

3.1 Equilibre parfait de Nash en sous-jeux

L'équilibre parfait en sous-jeux, est considéré comme une solution qui satisfait à la fois les deux parties à une itération donnée du jeu, cette solution partielle contribue à la réalisation de l'équilibre parfait de la totalité du jeu. (42)

La Figure 5 présente la division de la totalité du jeu de négociation en un ensemble successif de sous-jeux dont l'entrée de chaque sous-jeu présente la sortie du sous-jeu précédent.

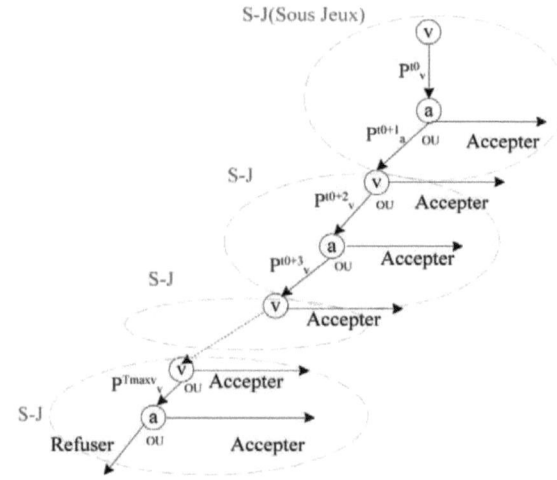

Figure 5: Les sous-jeux du processus de négociation
bilatérale

39

3.2 Solution de Nash des sous-jeux séquentiels de négociation :

Soit Γ le jeu de négociation bilatérale entre un joueur (a) et un joueur (v). L'équilibre de Nash en Sous-jeux Parfait (NSP) est un équilibre de Nash dans chaque sous-jeu de Γ (43).

Si les fonctions d'utilités des joueurs sont différentes à chaque nœud, alors cet équilibre est **unique** (44).

Le NSP définit une situation d'interaction stable, où aucun joueur n'a intérêt à changer sa stratégie étant donnée la stratégie de son adversaire, à l'intérieur du sous-jeu.

L'approche stratégique de Nash est définie par :

- S : L'ensemble des stratégies faisables des deux joueurs,

- D : les issues de désaccord,

- $u_i : S \cup \{D\} \to R$: la fonction d'utilité du joueur i, i={a,v},

- $U = \{(u_a(s_a), u_v(s_v)) : s_i \in S\}$: les paires d'utilités possibles à chaque issue,

- $d = (u_a(d_a), u_v(d_v))$: les paires d'utilités de désaccord,

Une combinaison de stratégies s^* est un équilibre de Nash (ou un équilibre non coopératif) si l'inégalité suivante est satisfaite pour chaque joueur i = a, v :

$$u_i\left(s_i^*, \ s_{-i}^*\right) \geq u_i\left(s_i, \ s_{-i}^*\right) \quad \text{pour tout} \ s_i \in S_i$$

La solution de négociation de Nash assigne à ce problème de négociation bilatérale l'offre de l'équilibre P^* qui maximise le produit suivant:

$$\max \left\lfloor \left(u_a(P^*) - d_a \right) \mid * \mid \left(u_v(P^*) - d_v \right) \mid \right\rfloor$$

- P^* : la proposition d'équilibre acceptable par les deux joueurs,

- $u_a(P^*)$: l'utilité du joueur (a) en acceptant l'offre P^*,

- $u_v(P^*)$: l'utilité du joueur (v) en acceptant l'offre P^*,

- d_a : l'utilité du joueur (a) pour un désaccord antérieur,

- d_v : l'utilité du joueur (v) pour un désaccord antérieur,

L'offre d'équilibre représente un point de réalisation mutuelle d'au moins d'une partie des intérêts des joueurs en acceptant le prix P^*.

D'après l'équation de Nash, le prix d'équilibre est calculé à partir des deux fonctions d'utilités des deux joueurs. Mais dans un environnement concret-compétitif, l'ensemble d'information sur la stratégie de l'adversaire est incomplet. Ce qui mène à remplacer les fonctions d'utilités des deux joueurs par les opérations équivalentes:

- $u_a(P^*) = P_a^r - P^*$

- $u_v(P^*) = P^* - P_v^r$

- $d_a = P_a^r - P^t$

- $d_v = P^t - P_v^r$

Avec:

- P^t : la dernière offre proposée par l'adversaire (non acceptée par le joueur rationnel).

- P_a^r : l'offre réservée du joueur (a)

- P_v^r : l' offre réservée du joueur (v)

L'équation d'équilibre de Nash devient:

$$\Rightarrow \quad \max\left[\; |\left(P^t - P^*\right)| * |\left(P^* - P^t\right) \right]$$

$$\max\left[\left(P^* - P^{\,t}\right)^2 \right]$$

L'équation est linéaire par rapport à la variable p^* donc nous pouvons déduire une dérivée nulle:

$$\Rightarrow \left[\left(P^* - P^{\,t}\right)^2\right]' = 0$$

$$\Rightarrow 2 * (P^* - P^t) = 0$$

La solution devient:

$$\Rightarrow \quad P^* = P^t$$

Cette solution est peu raisonnable puisque l'agent rationnel va contre-proposer à chaque sous-jeu la dernière offre proposée par l'adversaire.

3.3 Amélioration de la solution de Nash:

Le principe est d'explorer, à l'intérieur de chaque sous-jeu, un sous-ensemble potentiel de solutions gagnantes, contribuant à satisfaire les objectifs et les préférences des deux joueurs (à fin de garantir un accord mutuel final).

Autrement dit, au point d'équilibre l'agent rationnel (a) doit vérifier (de sa part) un ensemble de contraintes répondant à certaines de ses préférences. Ces contraintes peuvent être décrites comme suit:

$$\left\{ \begin{array}{c} P^* \leq P_a^r \\ P^* \leq P_v^t \\ u_a(P^*) \geq \left| u_a(P_v^t) \right| \end{array} \right\}$$

$\Rightarrow$

$$\left\{ \begin{array}{c} P^* \leq P_a^r \\ P^* \leq P_v^t \\ P_a^r - P_a^{t+1} \geq P_v^t - P_r^a \end{array} \right\}$$

$\Rightarrow$

$$\left\{ \begin{array}{c} P_a^r - P^* \geq 0 \\ P_v^t - P_a^{t+1} \geq 0 \\ 2 * P_a^r - P_a^{t+1} - P_v^t \geq 0 \end{array} \right\}$$

Le point d'équilibre P^* est la solution du système:

$$\max_{P^*} \left[\left(P^* - P^t \right)^2 \right]$$

$$S.C \begin{cases} P_a^r - P^* \geq 0 \\ P_v^t - P_a^{t+1} \geq 0 \\ 2*P_a^r - P_a^{t+1} - P_v^t \geq 0 \end{cases}$$

Il s'agit de résoudre le problème de maximisation de la fonction objective

$f(P^*) = \left[\left(P^* - p^{\,t} \right)^2 \right]$ sous les contraintes (sous la forme d'inéquations):

$$G_1(P^*) \geq 0 \quad \Rightarrow \quad (P_a^r - P^* \geq 0);$$

$$G_2(P^*) \geq 0 \quad \Rightarrow \quad (P_v^t - P_a^{t+1} \geq 0);$$

$$G_3(P^*) \geq 0 \quad \Rightarrow \quad (2*P_a^r - P_a^{t+1} - P_v^t \geq 0).$$

3.4 Résolution par le théorème Kuhn –Tucker (45; 46):

Afin de résoudre le problème de maximisation d'une fonction sous des contraintes d'inégalités, Kuhn (45; 46) spécifie trois étapes aboutissant à une ou plusieurs solutions faisables.

Par exemple soit S le système de maximisation du gain, du joueur rationnel, sous des contraintes :

$$S = \begin{cases} \max\left[f(P^*)\right] \\ s.c \\ G_1(P^*) \geq 0 \\ G_2(P^*) \geq 0 \\ G_3(P^*) \geq 0 \end{cases}$$

Pour chaque contrainte $G_j; j \in \{1, 2, 3\}$, deux situations possible sont définies:

- $G_j(P^*) = 0$: la contrainte j est saturée à l'optimum;

- $G_j(P^*) \succ 0$: la contrainte j est non saturée à l'optimum.

Les conditions de kuhn-Tucker pour résoudre S spécifient les étapes suivantes:

o **Etape 1: Définition de la fonction Lagrangienne**

Le Lagrangien (47) de S est défini par la fonction L :

$$L(P^*, \lambda^*) = f(P^*) - \sum_{j=1}^{3} \lambda_j (G_j(P^*))$$

Les variables λ_j sont les multiplicateurs de Lagrange associés à chaque contrainte j et $\lambda^* = (\lambda_1, \lambda_2, \lambda_2)$.

o **Etape 2: Les conditions de premier ordre**

$$\frac{\delta L(P^*, \lambda^*)}{\delta P^*} = 0, \quad \text{où} \frac{\delta}{\delta P^*} \text{ est le gradient}$$

$$\Rightarrow$$

$$\frac{\delta f(P^*)}{\delta P^*} - \sum_{j=1}^{3} \lambda_j \frac{\delta G_j(P^*)}{\delta P^*} = 0$$

o **Etape 3: Les conditions suffisantes de second ordre**

$$\forall j \in \{1, 2, 3\}, \ \min \left| \lambda_j, G_j(P^*) \right| = 0$$

45

Cette étape implique que si $G_j(P^*) > 0 \Rightarrow \lambda_j = 0$, c'est à dire que si la contrainte j n'est pas saturée et que le multiplicateur de Lagrange associé à cette contrainte est nul.

Les étapes 2 et 3 peuvent êtres résumées par:

$$\left\{ \begin{array}{c} \dfrac{\delta f(P^*)}{\delta P^*} - \displaystyle\sum_{j=1}^{3} \lambda_j \dfrac{\delta G_j(P^*)}{\delta P^*} = 0 \\[4pt] \lambda_1 * (p_a^r - P^*) = 0 \\ \lambda_2 * (P_v^t - P^*) = 0 \\ \lambda_3 * (2 * p_a^r - P^* - P_v^t) = 0 \end{array} \right.$$

$\Rightarrow$

$$\left\{ \begin{array}{cl} -2(P_v^t - P^*) - \lambda_1 - \lambda_2 - \lambda_3 = 0 & (1) \\ \lambda_1 * (p_a^r - P^*) = 0 & (2) \\ \lambda_2 * (P_v^t - P^*) = 0 & (3) \\ \lambda_3 * (2 * p_a^r - P^* - P_v^t) = 0 & (4) \end{array} \right.$$

− Si $\lambda_1 = \lambda_2 = \lambda_3 = 0$ alors $P^* = P_v^t$ (d'après l'équation (1)) : solution non faisable car l'agent (a) va toujours contre-proposer la dernière offre de l'agent (v), d'où au moins un multiplicateur doit être non nul.

− Si $\lambda_1 = \lambda_2 = 0$ et $\lambda_3 \neq 0$ alors $\lambda_3 = -2(P_v^t - P^*)$ (équation (1)). En remplaçant λ_3 dans (4), on déduit $P^* = 2 * p_a^r - P_v^t$.

− Si $\lambda_1 = \lambda_3 = 0$ et $\lambda_2 \neq 0$ alors $\lambda_2 = -2(P_v^t - P^*)$ (équation (1)). En remplaçant λ_2 dans (3), on déduit $P^* = P_t^v$.

– Si $\lambda_2 = \lambda_3 = 0$ et $\lambda_1 \neq 0$ alors $\lambda_1 = -2(P_v^t - P^*)$ (équation (1)). En remplaçant λ_1 dans (2), on déduit $P^* = P_a^r$

La solution préférée par l'agent rationnel est celle qui maximise son profits A exprimé par:

$$\max(A) = \max(P_a^r - P^*)$$

Il s'agit ainsi de minimiser la valeur de P^*:

$$P^* = \min\left[(2 * p_a^r - P_v^t), P_v^t, P_a^r\right]$$

4. Evaluation Et Validation de l'approche rationnelle

Le problème de négociation bilatérale est illustré par un exemple de négociation du prix d'un bien entre un acheteur et un vendeur. Le processus, de point de vue acheteur (l'agent rationnel), est modélisé par un jeu dynamique sous sa forme extensive (48), basé sur des règles de négociation prédéfinies.

L'acheteur rationnel doit spécifier un point d'aspiration qui exprime les valeurs souhaitées du prix du produit à acheter et un point d'exigence qui représente la valeur minimale réservée acceptable pour ce critère. Le vendeur (de stratégie différente) exprime, de son côté, ses valeurs souhaitées du prix et converge dans le temps (inférieur ou égal à son délai de négociation) vers la valeur minimale exigée.

Plus explicitement, la négociation du prix d'un bien est basée sur un espace de concession de la part de l'acheteur et de celui du vendeur. Chaque joueur commence par proposer sa valeur préférée (la plus avantageuse) puis converge vers la valeur limite (offre réservée) la moins préférée afin de trouver une zone de compromis avec son adversaire.

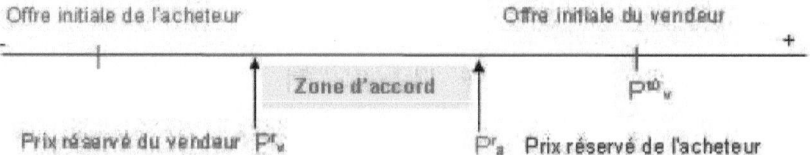

Figure 6: les limites de la zone d'accord entre un acheteur et un vendeur

Comme illustré dans la Figure 6, la zone d'accord est limitée par les valeurs réservées cachées P_v^r et P_a^r respectivement du vendeur et de l'acheteur. Pour arriver à un accord les offres des deux joueurs doivent converger vers cette zone d'accord avant de dépasser leurs délais limites de négociation.

L'étude expérimentale porte sur une étude comparative entre l'approche rationnelle (de l'acheteur) et l'approche basée sur le temps (du vendeur) (49) par l'évaluation d'un ensemble de paramètres et de variables de l'environnement de négociation.

4.1 Environnement et paramètres de Négociation: Négociation du prix d'un bien entre un acheteur et un vendeur:

La stratégie présentée mène une analyse comportementale d'un agent acheteur de stratégie rationnelle contre un vendeur de stratégie dépendante du temps, en négociation bilatérale pour le prix d'un bien.

> L'agent acheteur est doté de :

– Une mémoire contenant sa base de connaissance et l'historique des transactions,

– Un comportement rationnel basé sur un ensemble de règles stratégiques garantissant un gain mutuel avec l'adversaire,

– Une capacité d'apprentissage,

– Une faculté d'adaptation à l'environnement virtuel dans lequel il réagit.

> L'agent vendeur est caractérisé par:

– Une fonction d'offre décroissante dans le temps,

– Un comportement d'aspect psychologique constant (conciliateur, neutre, ou agressif).

4.2 Mesures d'Evaluation

Le problème de la négociation est présenté sous la forme d'un jeu stratégique définit par le triplet $< A, P, U >$ où :

– A : l'ensemble de joueurs, $A = \{a, v\}$ (a : acheteur, v : vendeur),

– P : l'ensemble de stratégies des deux joueurs, P est définie par :

$$P = \{\{ P_v^{t_0}, \ P_v^{t_0+2}, \ P_v^{t_0+4}, .., P_v^{T_{mv}} \}, \{ P_a^{t_0+1}, \ P_a^{t_0+3}, \ P_a^{t_0+5}, .., \ P_a^{T_{ma}} \}\}$$

- o $P_v^{t_0}$: la proposition du vendeur v à l'instant t_0,

- o $P_a^{t_0+1}$: la proposition de l'acheteur a à l'instant t_0+1,

- o P_v^{Tmv} et P_a^{Tma} sont respectivement les dernières offres possibles (limites) de v et de a à T^{mv} et T^{ma} tel que $\max(T^{ma}, \ T^{mv}) <= \min(T^a_{\max} \ et \ T^v_{\max})$; $T^a_{\max}$ et $T^v_{\max}$ sont respectivement les délais de négociation de l'acheteur a et du vendeur v.

Afin d'évaluer les tactiques de négociation proposées, les mesures d'évaluation sont :

- U: la fonction d'évaluation du gain à chaque proposition donnée :

  - o Evaluation du gain de l'acheteur suite à une proposition P:
  $$U_a = (\max{}_a - P) / (\max{}_a - \min{}_a)$$

  - o Evaluation du gain du vendeur suite à une proposition P:
  $$U_v = (P - \min{}_v) / (\max{}_v - \min{}_v)$$

  P est la dernière proposition issue d'un des deux joueurs (a) ou (v); $P = \{ P_v^t / P_a^t \}$.

- Pacc : le Pourcentage d'Accords dans une expérimentation réussie:

$$Pacc = \frac{nombre \ total \ des \ accords}{nombre \ total \ des \ cas \ de \ negociatio \ n \ s}$$

- Ntr : le nombre de tours moyen pour atteindre un accord:

$$Ntr = \frac{\text{somme des nombres de tours pour atteindre un accord}}{\text{nombre total des accords}}$$

4.3 Protocole Expérimental:

Chaque nœud de l'arbre de négociation représente une prise de décision définie à partir de l'ensemble des stratégies/ou des propositions d'un joueur:

- Accepter l'offre soumise par l'adversaire et par conséquent les deux joueurs auront la paire d'utilités.

- Refuser l'offre soumise par l'adversaire et contre proposer avec une nouvelle offre si le temps maximal de la négociation n'est pas encore atteint.

Le modèle est inspiré du modèle de Cournot-Nash (50):

- Anticiper les actions futures et raisonner à rebours

- Chercher un ensemble de points d'équilibre (de propositions) qui optimise les utilités (profits) des joueurs.

  - Chercher le point d'équilibre P^* qui maximise la paire $\left(U^a_{p^*}, U^v_{p^*} \right)$.

4.3.1. Point d'équilibre des sous-jeux de négociation

Le point d'équilibre du sous-jeu à l'instant $t+1$ proposé par l'agent acheteur rationnel est défini par:

- P_a^{t+1} : prix d'équilibre qui sera proposé par l'acheteur a à l'instant $t+1$,

- P_v^t : prix du vendeur v qui a été proposé à l'instant t (prix non accordé),

- P_a^r : prix réservé de l'acheteur (à ne pas franchir),

Cet équilibre représente un point de réalisation mutuelle des intérêts des deux joueurs (les utilités respectives de l'acheteur et du vendeur) en se mettant d'accord sur l'offre d'équilibre P* menant vers un compromis final certain.

4.3.2. Les tactiques de négociation

Le modèle proposé définit un ensemble de tactiques de négociations déterminé à partir de la variation du comportement d'aspect Psychologique de l'agent de Stratégie Dépendante du temps (le vendeur). A fin d'évaluer la stratégie gagnante dans les diverses circonstances, un ensemble d'expériences de jeu de négociation entre 100 acheteurs et 100 vendeurs a été réalisé.

Le but de chaque expérience, est de confronter des acheteurs rationnels avec des vendeurs de différents tempéraments (agressifs, neutres, ou conciliateurs) et de stratégie dépendante du temps, et d'évaluer les utilités moyennes résultantes, les nombres de tours moyens pour arriver à un accord et le taux de réussite des processus de négociation.

Deux classes de tactiques sont confrontées:

1) La tactique rationnelle (la présente approche) de l'agent acheteur est définie par le système:

$$\max_{P_{t+1}^a}\left[\left(P_a^{t+1} - P_v^t\right)^2\right]$$

$$S.C\left\{\begin{array}{c} p_a^r - P_a^{t+1} \geq 0 \\ p_t^v - P_a^{t+1} \geq 0 \\ 2p_a^r - P_a^{t+1} - P_v^t \geq 0 \end{array}\right\}$$

Avec

– $\mathbf{P}_a^{t+1}$: prix proposé par l'acheteur a à l'instant $t+1$,

– $\mathbf{P}_v^t$: prix du vendeur v qui a été proposé à l'instant t,

– $\mathbf{P}_a^r$: prix réservé de l'acheteur,

2) La tactique dépendante du temps définit par la fonction de sortie suivante :

$$P_v^t = \min_v + \left(1 - \alpha(t)\right)\left(\max_v - \min_v\right)$$

– $\alpha(t)$ est une fonction dépendante du temps qui détermine la vitesse de concession d'une offre: $\alpha(t) = \left(\dfrac{t}{T_{\max}^v}\right)^{\frac{1}{\beta}}$

– $T_{\max}^v$: Temps maximal de négociation pour le vendeur

- $\min_{v}$: La valeur minimale (limite) du prix (réservée) que peut atteindre le vendeur. $\min_{v} = \min_{a} + \theta^{a}.\partial$

- $\max_{v}$: La valeur maximale du prix (désirée) proposée par le vendeur, $\max_{v} = \min_{v} + \theta^{v}$

- θ^{v} : L'intervalle de négociation pour l'agent vendeur, $\theta^{v} = \max_{v} - \min_{v}$

- ∂ : Le degré d'intersection entre l'intervalle de négociation du vendeur et celui de l'acheteur, $\partial \in [0 \quad 0.99]$; $\partial \approx 0$ désigne un chevauchement total ; $\partial \approx 0.99$ désigne un non-chevauchement.

- β : Le degré d'agressivité ou de concession de l'agent. Si $\beta \prec 1$ alors l'agent est agressif sinon si $\beta > 1$ alors il est conciliateur.

Ces tactiques sont divisées en six groupes dépendant de la variation des variables β , VC , VN et VA (voir Tableau 1):

Classes	Noms	Abréviation	Variation de β
Rationnelle	Ratio	ARatio	-
Dep. temps	Conciliateur	VC	$\beta \in [0.1 \quad 02]$
Dep. Temps	Neutre	VN	$\beta = 1.0$
Dep. temps	Agressif	VA	$\beta \in [20.0 \quad 40.0]$

Tableau 1: Les tactiques de négociation

4.3.3. Les règles du jeu

- Le jeu est une succession de tours.

- Chaque tour est composé d'une proposition-contre proposition.

- La contre proposition d'un agent a à l'instant $t+1$ suite à l'offre proposée par l'agent v à l'instant t est :

  - Refus si $t > T_{\max}^a$

  - Accord si $P_v^t \leq P_a^{t+1}$

  - Sinon proposition P_a^{t+1}

- La contre proposition d'un agent v à l'instant $t+1$ suite à l'offre proposée par l'agent a à l'instant t est :

  - Refus si $t > T_{\max}^v$

  - Accord si $P_a^t \geq P_v^{t+1}$

  - Sinon proposition P_v^{t+1}

4.3.4. Expériences

Les différentes combinaisons possibles de stratégies sont réalisées par les expériences suivantes:

- Première expérience : Acheteurs Rationnel (ARatio) /(contre) vendeurs agressifs (VA)

- Deuxième expérience: Acheteurs Rationnel (ARatio) / vendeurs neutres (VN)

- Troisième expérience : Acheteurs Rationnel (ARatio) / vendeurs conciliateur (VC)

4.3.5. Choix des paramètres de négociation

– Le choix du candidat qui débute la négociation est aléatoire.

– $\left\{ T_{\max}^v, T_{\max}^a \right\} \in [20 \quad 100]$

– $\min_a = 10$

– $\theta^a \in [10 \quad 90]$

– $\theta^v \in [10, 90]$

– $\partial = 0$

4.4 Expérimentations :

4.4.1. Evaluation des utilités moyennes des joueurs

D'après la Figure 7, nous remarquons la prédominance des utilités moyennes des stratégies dépendante du temps par rapport aux stratégies rationnelles sauf dans le cas où ceux-ci sont de tempérament conciliateur.

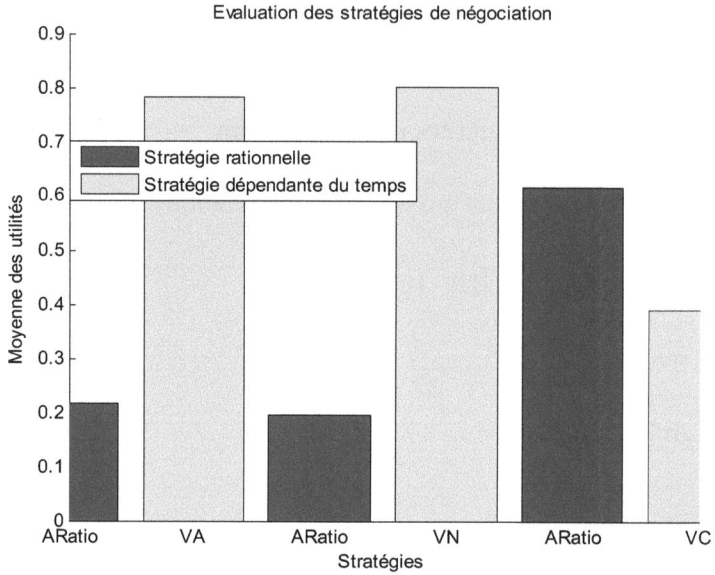

Figure 7: Les utilités moyennes des différentes stratégies des négociations réussies et échouées

4.4.2. Evaluation des utilités moyennes des joueurs des négociations réussies

D'après la Figure 8, nous observons aussi une supériorité globale des utilités moyennes des stratégies dépendantes du temps par rapport aux stratégies rationnelles pour les cas des négociations réussies.

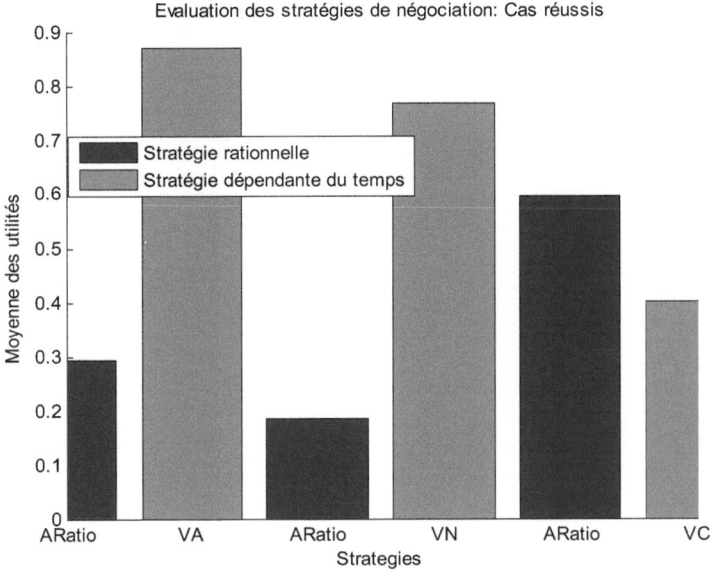

Figure 8: Les utilités moyennes des différentes stratégies des négociations réussies

4.4.3. Pourcentage d'Accords

Comme présenté dans Figure 9, le pourcentage d'accords est presque total, c'est-à-dire que tous les cas de négociations sont réussies quelque soit les stratégies des joueurs négociateurs.

Autrement dit la négociation se termine toujours par un accord mutuel entre les deux parties (initialement en conflit) indépendamment de leurs tactiques et comportements.

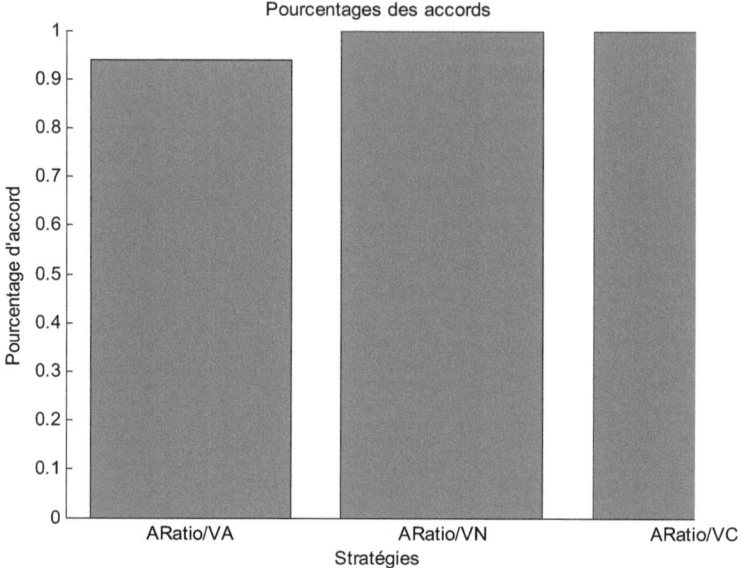

Figure 9: Les pourcentages des accords

4.4.4. La Moyenne du nombre de tours

Nous remarquons, d'après Figure 10 que les moyennes des nombres de tours pour atteindre un accord, dans les différentes stratégies sont petites ne dépassant pas le 8ème tour (cas de confrontation d'un agent rationnel contre un agent dépendant du temps agressif).

Cette expérimentation dénote un temps général réduit dépensé dans le processus de négociation quelque soit les stratégies des candidats. Ceci favorise un gain notable dans temps de négociation des deux joueurs.

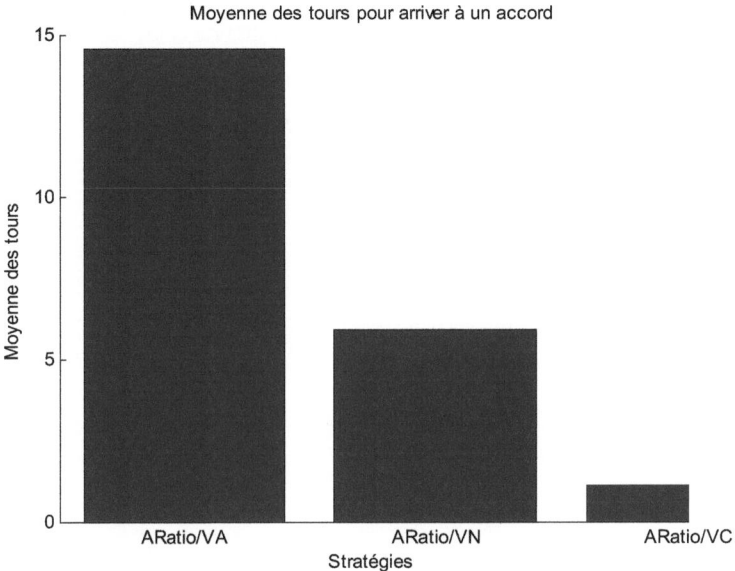

Figure 10: Les moyennes des nombres de tours

5. Conclusion

Ce chapitre présente une solution aux problèmes de désaccord et de conflits entres des agents compétiteurs lors d'un processus bilatéral de négociation. Cette solution définit une stratégie rationnelle basée sur la théorie des jeux afin de rationnaliser les interactions futures entre les deux joueurs et de garantir un intervalle d'entente entre eux dans un temps limite de négociation.

L'étude expérimentale entre un agent rationnel (un acheteur) et un agent de stratégie dépendante du temps a montré une réussite de la stratégie

60

rationnelle dans la mesure où elle garantit un accord total entre les joueurs d'intérêts conflictuels et un temps réduit pour arriver à un compromis final. Mais cette stratégie ne garantit pas un gain supérieur pour le joueur rationnel par rapport à un joueur de stratégie différente.

Chapitre 4: L'approche à la négociation à base d'agent tempéramental

1. Introduction

Dans ce chapitre, nous nous intéressons à étudier le comportement émotionnel d'un agent au cours du processus complexe de négociation bilatérale automatisée. Nous nous basons sur d'un des aspects de la personnalité à savoir le **tempérament** ou le caractère de l'agent au cours de ce processus.

Selon G. Saucier et R.Goldberg (51) le terme « **tempérament** » est définit comme l'ensemble de caractères déterminant la conduite de l'agent en tant que conciliateur, neutre, ou agressif afin de réaliser ses objectifs.

Dans la présente approche, la conduite de l'agent est le résultat d'une modélisation de la variation approximative de ses caractères courants, déterminant son tempérament au cours du processus de négociation, basée sur les principes de la logique floue. Le choix de la logique floue est justifié par la faculté d'expression des connaissances sémantiques (relatives aux traits de caractères de l'agent) utilisées dans la base d'expertise, et d'aide à la prise de décisions.

Ainsi, nous proposons de mettre en place un modèle de prise de décisions (Figure 11), d'un agent négociateur (négociant le prix comme acheteur d'un objet avec un adversaire comme vendeur), qui à partir d'une proposition d'un adversaire au temps actuel t, de sa dernière proposition à t-1, et du temps actuel t, fournit une contre-proposition visant à satisfaire les objectifs souhaités d'un acheteur à savoir un gain en prix et en temps ainsi qu'une possible garantie d'un accord final avec l'adversaire.

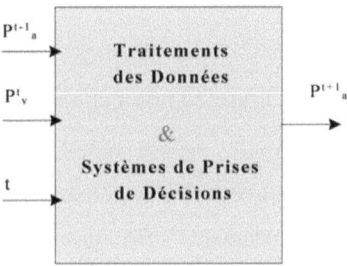

Figure 11: Le modèle générique d'un négociateur (acheteur).

Les entrées du modèle proposé de l'acheteur (a) sont la dernière proposition ($P^{t-1}a$), la proposition courante de l'adversaire vendeur v ($P^t v$) et le temps actuel de négociation (t).

La suite de ce chapitre est organisée comme suit : dans la Section 4.2 nous détaillerons le modèle flou proposé basé sur la personnalité, ensuite en Section 4.3 nous présenterons l'évaluation et la validation de l'approche floue proposée pour la simulation d'un comportement de négociation, et nous clôturons ce chapitre par la Section 4.4 Conclusion.

2. Modélisation d'une négociation bilatérale

La modélisation de la négociation bilatérale a été représentée dans le chapitre précédent en tant que jeu de négociation entre deux partenaires dont le but est d'atteindre la zone d'accord est d'en bénéficier des gains réciproques.

Dans ce chapitre nous allons mettre en relief l'effet de la personnalité de l'agent sur le processus de négociation automatisée.

Par exemple, prenons le cas d'une négociation bilatérale entre un agent (a) et un agent (v). Ces agents (a) et (v) définissent respectivement les valeurs privées réservée (à ne pas dépasser) P_a^r et P_v^r qui limitent la zone d'accord.

Le premier tour (Figure 12Figure 11) de négociation renferme les offres préférées des deux adversaires à l'instant initial t_0 (nous supposons qu'à t_0, l'agent (v) propose l'offre maximale la plus bénéfique à ses intérêts P_v^{t0} par contre l'agent (a) contre-propose l'offre minimale la plus adéquate à ses objectifs P_a^{t0+1}).

Figure 12: Premier tour de négociation

Le deuxième tour, présenté par les figures dessous (Figure 13- Figure 16), contient les offres P_v^{t0+2} et P_a^{t0+3} respectivement de l'agent (a) et de l'agent (v). Ces dernières dissimulent les vitesses de concession des deux parties vers la zone d'accord, elles dépendent principalement du tempérament des deux compétiteurs:

– Si les deux adversaires (a) et (v) sont agressifs : la concession des deux parties, vers la zone d'accord, est très lente et par conséquence le pourcentage d'accord est faible.

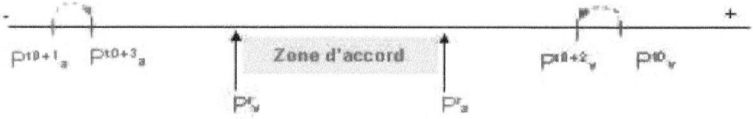

Figure 13: Les deux agents sont agressifs

– Si les deux adversaires sont conciliateurs : la concession des deux parties est très rapide et par conséquence le taux d'accord est grand.

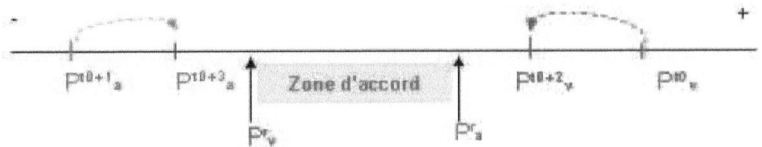

Figure 14: Les deux agents sont conciliateurs

– Si l'agent (a) est conciliateur et l'agent (v) est agressif : la concession de (a) est rapide alors que celle de (v) est lente.

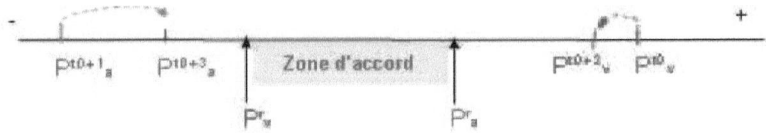

Figure 15:L'agent (a) est conciliateur et l'agent (v) est agressif

– Si l'agent (a) est agressif et l'agent (v) est conciliateur : la concession de (a) est lente alors que celle de (v) est rapide.

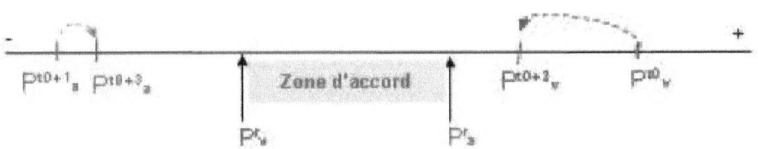

Figure 16: L'agent (a) est agressif et l'agent (v) est conciliateur

Ainsi la réussite du processus de négociation dépend entre autres de la personnalité des agents et de leur coopération pour atteindre la zone d'accord.

3. Le modèle de négociation basé sur le tempérament

L'objectif du modèle proposé est de simuler un comportement de négociation basé sur les variations floues des traits de caractères d'un agent négociant (acheteur), reflétant sa personnalité, en réponse aux propositions d'offres de son adversaire (vendeur). Ces traits de caractères influencent le comportement de l'agent au cours du processus de négociation : un caractère conciliateur produit un comportement coopératif et une concession rapide vers la zone d'accord alors qu'un caractère agressif incite un comportement compétitif et une concession lente vers la zone d'accord.

Dans une telle modélisation un agent doit apprendre des comportements de négociation (de coopération, ou de compétition) lui permettant de s'adapter intelligemment aux éventuelles propositions de son adversaire relativement aux comportements de ce dernier: si l'adversaire est agressif et sa proposition est insatisfaisante aux objectifs de l'agent alors ce dernier devient plus agressif et son comportement va être plus compétitif dans sa prise de décision, sinon si l'adversaire est conciliateur et sa réponse est satisfaisante alors le comportement de l'agent va être plus coopératif dans sa contre-proposition.

Plus explicitement, le modèle proposé de conduite tempéramentale (présenté dans la Figure 17) comprend les fonctionnalités suivantes:

- Contrôle des traits de caractères : permet d'évaluer la variation des traits de caractère suite à une proposition de l'adversaire.

- Mise à jour des caractères : permet de mettre à jour les caractères internes de l'agent.

- Evaluation du caractère dominant : permet de déterminer à partir des traits de caractères de l'agent, le caractère (comportement) dominant.

- Mise à jour de la proposition : permet de déterminer, à partir du comportement de l'agent, de sa dernière proposition, et de la proposition courante de l'adversaire, la contre-proposition de l'agent.

Ainsi ce modèle met en relief l'influence de la personnalité du négociateur au sens du **tempérament** (caractère) sur la mise à jour de la réponse (contre-proposition) de l'agent. Cette mesure évolue dynamiquement en fonction de la proposition courante de l'adversaire vendeur (P_v^t), de la dernière proposition offerte par l'agent acheteur (P_a^{t-1}), et du temps actuel de négociation (t).

Une fois la variation des caractères est déterminée par ({var-c, var-a}), les caractères sont mis à jour par ({nc, na}), et un nouveau caractère dominant (car), tel que conciliateur ou agressif, est alors établi permettant la mise à jour de la nouvelle proposition.

Ainsi, la nouvelle proposition de l'agent (P_a^{t+1}) est fonction des variables car, P_a^{t-1}, et t.

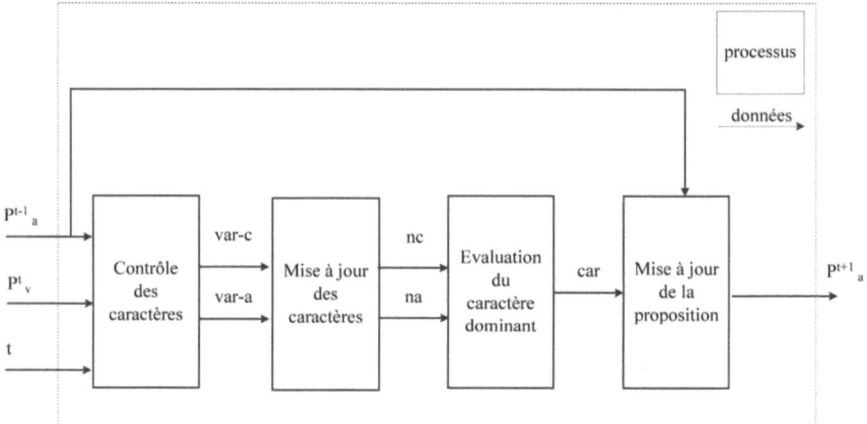

Figure 17: Le modèle de négociation basé sur le tempérament.

Les modules de Contrôle des caractères, Evaluation du caractère dominant, et Mise à jour de la proposition sont modélisés à l'aide des systèmes flous de type Mamdani. (52) (53)

Le choix du système flou est due à sa capacité de représenter et d'évaluer les connaissances approximatives de valeurs imprécises tels que les variations des caractères (var-c et var-a) et les caractères (nc, na, et car).

3.1 Contrôle des caractères

Comme illustré par la Figure 18, à partir d'une offre proposée par l'agent vendeur (v) à un instant t (P_v^t), une offre antérieure de l'agent acheteur (a) à un instant $t-1$ (P_a^{t-1}), et un temps courant t de négociation, le module Contrôle des caractères se charge de déterminer la variation des caractères de l'agent définit par la paire {var-c, var-a}.

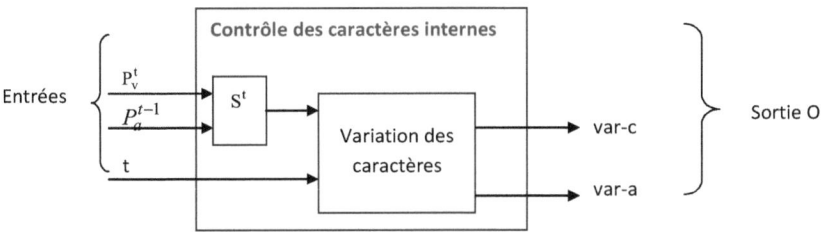

Figure 18: Le module de contrôle des caractères.

La sortie du module contrôle des caractères définit les variables suivantes :

- $O = [\text{var}-c, \text{var}-a]$

~ var-c : variation du caractère conciliateur courant de l'agent

~ var-a : variation du caractère agressif courant de l'agent

Ainsi, comme présenté dans la Figure 18, la variation des traits de caractères de l'agent négociateur au sens de compétitivité (var-a), ou de collaboration (var-c), est fonction :

- Du temps actuel (t) de négociation; $t \in [0\ 1]$

- Et du degré de similarité S^t entre l'offre P_a^{t-1} et l'offre P_v^t défini par :

$$S^t = 1 - \frac{\left| P_a^{t-1} - P_v^t \right|}{\max \left\{ P_a^t, P_v^t \right\}} = \frac{\min \left\{ P_a^{t-1}, P_v^t \right\}}{\max \left\{ P_a^t, P_v^t \right\}} \quad (54)$$

Comme les variables S^t et t sont deux mesures imprécises, nous avons

70

opté à les définir à partir des degrés d'appartenance partiels à des ensembles flous.

3.1.1. Modélisation floue du module contrôle des caractères :

La modélisation floue permet de définir, en se basant sur les fondements de la logique floue (55), les classes d'appartenances floues des variables S^t et t ainsi que les relations sémantiques (ou règles d'inférences) entre ces variables et les variables de sorties var-c et var-a.

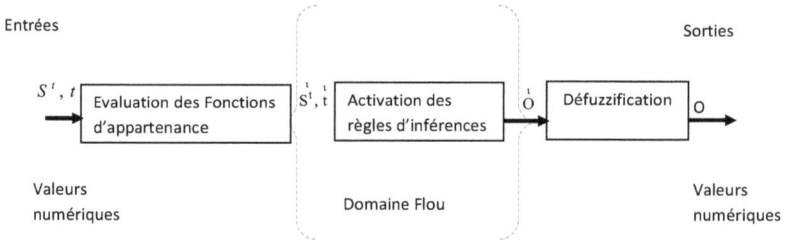

Figure 19 : Synoptique du Système flou pour le contrôle des caractères.

La Figure 19 présente 3 variables floues $\tilde{s}^t$, $\tilde{t}$, et $\tilde{O}$ définis comme suit :

- Les variables floues $\tilde{s}^t$ et $\tilde{t}$ résultent du mécanisme de fuzzification des variables numériques des entrées s^t et t.

- La variable floue $\tilde{O}$ est la conclusion des règles d'inférences appliquées à $\tilde{s}^t$ et $\tilde{t}$.

❖ **Modèle flou de la variable S^t :**

La variable S^t présente le taux de ressemblance et de dissemblance entre la dernière offre de l'agent (a) et l'offre courante de l'agent (v).

L'agent (a) devient :

- Collaboratif si s^t s'approche de 1 ($s^t \cong 1$) ; S^t est dite désirable car l'offre courante de l'agent (v) est très proche de la dernière offre de l'agent (a).

- Moyennemen collaboratif si s^t s'approche de 0.5 ($s^t \cong 0.5$); S^t est dite acceptable car l'offre courante de l'agent (v) est moyennement proche de la dernière offre de l'agent (a).

- Compétitif si s^t s'approche de 0 ($s^t \cong 0$) ; S^t est dite indésirable car l'offre courante de l'agent (v) est éloignée de la dernière offre de l'agent (a).

Cette modélisation permet de déduire trois classes floues {indésirable, acceptable, désirable} de s^t, présentée dans la Figure 20, caractérisées par les fonctions d'appartenances suivantes :

- $\mu\_ind(S^t)$: fonction d'appartenance de la variable S^t à la classe indésirable.

$$\mu_{ind}(S^t) = \begin{cases} 1 & si \ S^t \in [0\ 0.3] \ (S^t \ est \ totalement \ indésirable) \\ 0 & si \ S^t \in [0.5\ 1] \ (S^t \ est \ non \ indésirable) \\ ]0\ 1[& si \ S^t \in [0.3\ 0.5] \ (S^t \ est \ partiellement \ indésirable) \end{cases}$$

- $\mu_{acc}(S^t)$: fonction d'appartenance de la variable S^t à la classe acceptable.

$\mu_{acc}(S^t) =$

$$\begin{cases} 1 & \text{si } S^t \in [0.5\ \ 0.7] \ (S^t \text{ est totalement acceptable}) \\ 0 & \text{si } S^t \in [0\ \ 0.3] \cup [0.9\ \ 1] \ (S^t \text{ est non acceptable}) \\ ]0\ \ 1[& \text{si } S^t \in [0.3\ \ 0.5] \cup [0.7\ \ 0.9] \ (S^t \text{ est partiellement acceptable}) \end{cases}$$

- $\mu_{des}(S^t)$: fonction d'appartenance de la variable S^t à la classe désirable.

$\mu_{des}(S^t) =$

$$\begin{cases} 1 & \text{si } S^t \in [0.9\ \ 1] \ (S^t \text{ est totalement désirable}) \\ 0 & \text{si } S^t \in [0\ \ 0.7] \ (S^t \text{ est non désirable}) \\ ]0\ \ 1[& \text{si } S^t \in [0.3\ \ 0.5] \ (S^t \text{ est partiellement désirable}) \end{cases}$$

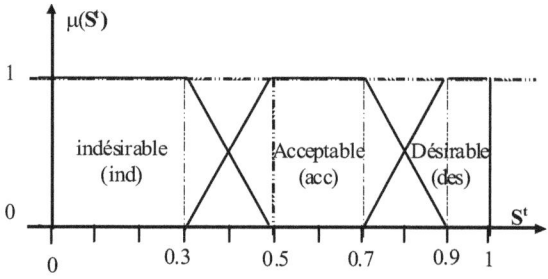

Figure 20: Modélisation de la variable S^t

Dans la Figure 20 nous avons spécifié l'univers de discours de S^t à [0 1], ce choix est due à la nature de la variation du degré de ressemblance entre les propositions des deux adversaires qui varie entre 0% et 100%. Ainsi une valeur proche de 0 est qualifiée d'indésirable, une valeur proche de 1 est désignée comme désirable, et une valeur autour de 0.5 est qualifiée d'acceptable.

❖ **Modèle flou de la variable t :**

Le temps (t), présente un facteur d'influence sur le comportement de l'agent(a) au cours du processus de négociation. L'agent (a) devient :

- Collaboratif si t est proche de 0 ($t \cong 0$); t est dit favorable car t est éloigné du temps maximal (délai) de négociation,

- Moyennement collaboratif si t est proche de 0.5 ($t \cong 0.5$); t est dit critique car t est proche du délai de négociation,

- Compétitif si t est proche de 1 ($t \cong 1$); t est dit défavorable car le délai de négociation est atteint.

Cette spécification permet de déduire trois classes floues {favorable, critique, défavorable} de t, présentée dans la Figure 21, caractérisées par les fonctions d'appartenances suivantes :

- $\mu_f(t)$: fonction d'appartenance de la variable t à la classe favorable.

$$\mu_f(t) = \begin{cases} 1 & si\ t \in [0\ 0.5]\ (t\ est\ totalement\ favorable) \\ 0 & si\ t \in [0.7\ 1]\ (t\ est\ non\ favorable) \\ ]0\ 1[& si\ t \in [0.5\ 0.7]\quad (t\ est\ partiellement\ favorable) \end{cases}$$

- $\mu_c(t)$: fonction d'appartenance de la variable t à la classe critique.

$$\mu_c(t) = \begin{cases} 1 & si\ t \in [0.7\ 0.8]\ (t\ est\ totalement\ critique) \\ 0 & si\ t \in [0\ 0.5]\ (t\ est\ non\ critique) \\ ]0\ 1[& si\ t \in [0.5\ 0.7] \cup [0.8\ 1]\quad (t\ est\ partiellement\ critique) \end{cases}$$

– $\mu_d(t)$: fonction d'appartenance de la variable t à la classe défavorable.

$\mu_d(t) =$

$$\begin{cases} 1 & si\ t \geq 1\ (t\ est\ totalement\ défavorable) \\ 0 & si\ \ t \in [0\ 0.8]\ (t\ est\ non\ défavorable) \\ ]0\ 1[& si\ t\ \in\ [0.8\ 1]\ \ (t\ est\ partiellement\ défavorable) \end{cases}$$

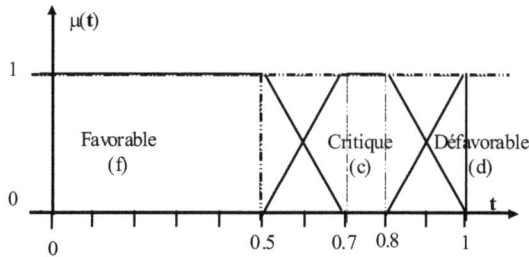

Figure 21 : Modélisation de la variable t.

Dans la Figure 21, nous avons normalisé l'univers de discours à [0 1], où les valeurs 0 et 1 représentent respectivement le temps de début et le délai de négociation. Cet intervalle a été subdivisé en trois sous-intervalles :

– [0 0.5] : temps complètement favorable

– [0.7 0.8] : temps complètement critique

– ≥1 : temps complètement défavorable

75

❖ **Elaboration de la base des règles d'inférences:**

Les variables de sortie $var - c$ et $var - a$ sont définis comme suit :

- La variable $var - c$ (variation du caractère conciliateur) appartient à quatre sous-ensembles flous : très-négatif, négatif, positif et très-positif

- La variable $var - a$ (variation du caractère agressif) appartient à quatre sous-ensembles flous : très-négatif, négatif, positif et très-positif

La variable floue $\tilde{O}$ est exprimée par :

$$\tilde{O} = \begin{cases} \text{var}\_c & \text{EST} \left[\text{très - } n\acute{e}\text{gative} \mid n\acute{e}\text{gative} \mid \text{positive} \mid \text{très - positive}\right] \\ \text{var}\_a & \text{EST} \left[\text{très - } n\acute{e}\text{gative} \mid n\acute{e}\text{gative} \mid \text{positive} \mid \text{très - positive}\right] \end{cases}$$

La syntaxe d'une règle de la base d'inférence est sous la forme :

SI s^t est [désirable | acceptable | indésirable] **ET** t est [favorable | critique | défavorable] **ALORS** $var - c$ est [très-négatif | négatif | positif | très-positif] **ET** $var - a$ est [très-négatif | négatif | positif | très-positif]

➢ **Les règles de la base d'inférence:**

SI S^t est désirable ET t est favorable ALORS var-c est positif ET var-a est négatif

SI S^t est désirable ET t est critique ALORS var-c est très-positif ET var-a est négatif

SI S^t est désirable ET t est défavorable ALORS var-c est très-négatif

ET var-a est très-positif

SI S^{t} est acceptable ET t est favorable ALORS var-c est positif ET var-a est négatif

SI S^{t} est acceptable ET t est critique ALORS var-c est positif ET var-a est négatif

SI S^{t} est acceptable ET t est défavorable ALORS var-c est très-négatif ET var-a est très-positif

SI S^{t} est indésirable ET t est favorable ALORS var-c est négatif ET var-a est positif

SI S^{t} est indésirable ET t est critique ALORS var-c est très-négatif ET var-a est positif

SI S^{t} est indésirable ET t est défavorable ALORS var-c est très-négatif ET var-a est très-positif

❖ **Défuzzification (Numérisation de la sortie floue $\tilde{O}$):**

Le centre de gravité des ensembles d'appartenance flous de la variable de sortie $var-c$ et celui des ensembles d'appartenance flous de la variable de sortie $var-a$ sont utilisés pour le processus de défuzzification (Figure 22) afin de fournir la situation de prise de décision sur la variation du comportement C : $O = \{var-c, var-a\}$.

Dans ce contexte var-a et var-c représentent les abscisses des centres de gravité des ensembles flous déterminés à l'aide de la relation générale suivante :

$$x = \frac{\int_U (x.u(x).dx)}{\int_U (u(x).dx)} \qquad (1)$$

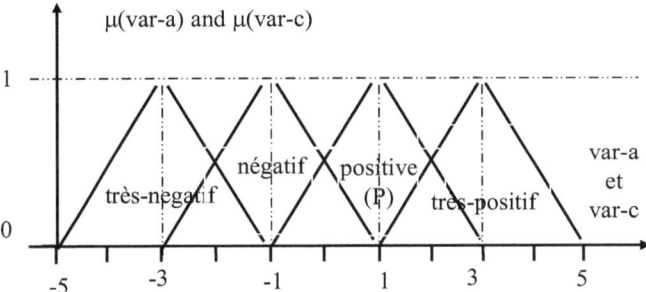

Figure 22: Modélisation des variables var-c et var-a

❖ **Exemples**

Afin d'illustrer l'impact de la proposition d'entrée (son effet sur la réalisation des objectifs souhaités) et du temps de négociation sur le changement du tempérament du négociateur ayant de traits de personnalité, nous avons réalisé trois exemples portant sur des situations différentes.

1) Exemple 1 :

Dans ce premier exemple, la proposition d'entrée est indésirable et le temps actuel de négociation est critique. La sortie de système de contrôle de caractères illustrée par la Figure 23 est une variation négative du caractère conciliateur et une variation positive du caractère agressif.

$$\begin{bmatrix} S^t = 0.151 \ (indésirable) \\ t = 0.803 \ (critique) \end{bmatrix} \Rightarrow \begin{bmatrix} var-c = -\ 0.626 \\ var-a = 1.8 \end{bmatrix}$$

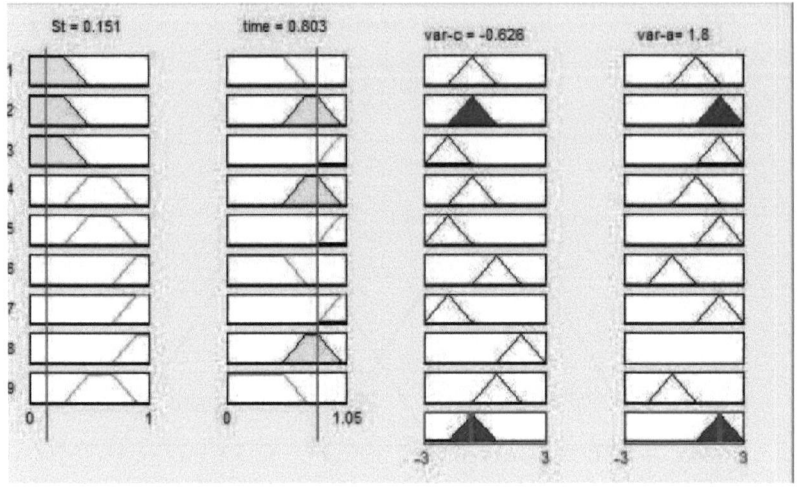

Figure 23: Exemple d'un comportement agressif d'un agent négociateur

2) Exemple 2

Dans cet exemple, la proposition d'entrée est acceptable et le temps actuel de Négociation est critique. La sortie du module contrôle des caractères, décrite par la Figure 24, présente une très petite variation négative du caractère conciliateur et une très petite variation positive du caractère agressif.

$$\left[\begin{matrix} S^t = 0.584 \, (acceptable\,) \\ t = 0.803 \, (critique\,) \end{matrix} \right] \Rightarrow \left[\begin{matrix} \text{var-} c = -\,0.626 \\ \text{var-} a = 0.626 \end{matrix} \right]$$

79

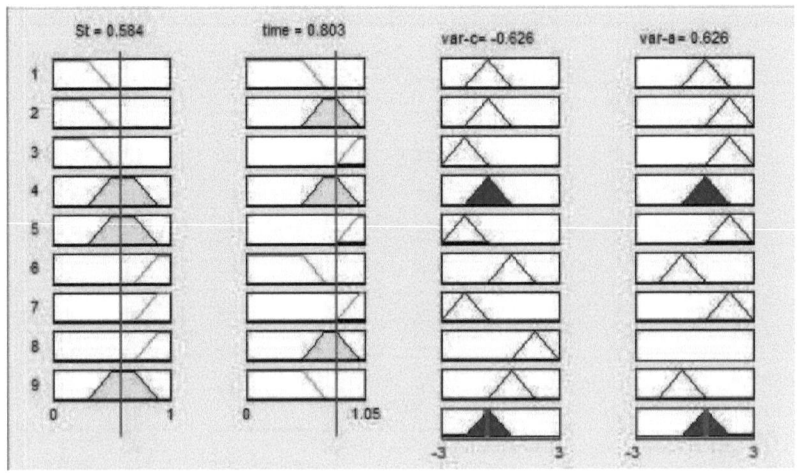

Figure 24: Exemple d'un comportement neutre d'un agent négociateur

3) Exemple 3

Dans ce dernier exemple, la proposition d'entrée est désirable et le temps actuel de négociation est critique. La sortie du module contrôle des caractères présentée par la Figure 25 est une petite variation positive du caractère conciliateur et une très petite variation positive du caractère agressif.

$$\begin{bmatrix} S^t = 0.87\,(\,d\acute{e}sirable) \\ t = 0.803\,(\,critique) \end{bmatrix} \Rightarrow \begin{bmatrix} \text{var-}con = 1.23 \\ \text{var-}agr = 0.691 \end{bmatrix}$$

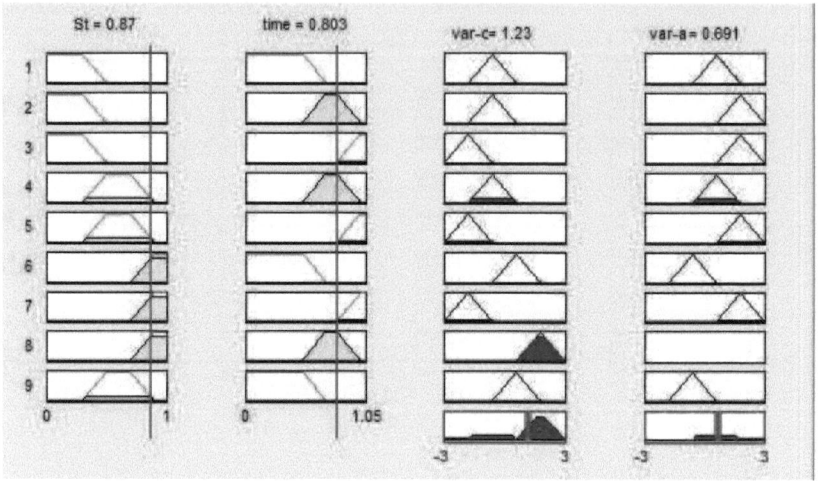

Figure 25: Exemple d'un comportement conciliateur d'un agent

3.2 Mise à jour des caractères internes

La mise à jour d'un caractère interne (présentée par la Figure 26) est procédée par la multiplication du pourcentage de variation de ce caractère en entrée, par sa valeur courante, le tout est additionner à la valeur du caractère courant.

Autrement dit, les nouveaux caractères de l'agent (a) (nc et na) sont définis comme suit:

$$nc = cur-c + var-c * cur-c$$
$$na = cur-a + var-a * cur-a$$

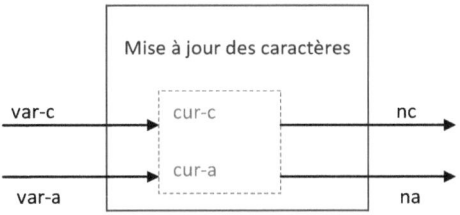

Figure 26: Le module mise à jour des caractères

- var– c : pourcentage de variation du caractère conciliateur

- var– a : pourcentage de variation du caractère agressif

- $cur - c$: caractère conciliateur courant

- $cur - a$: caractère agressif courant

- nc : nouveau conciliateur

- na : nouveau agressif

3.3 Evaluation du caractère dominant

A partir des valeurs respectives du caractère conciliateur et celles du caractère agressif en entrée, le système d'évaluation du comportement de l'agent acheteur (basé sur la logique floue) permet d'évaluer l'attitude de l'agent dans sa prise de décision finale (conciliateur / agressif).

La sortie de ce système, décrite par la Figure 27, présente le caractère dominant de l'agent qui reflète son comportement vis-à-vis son adversaire.

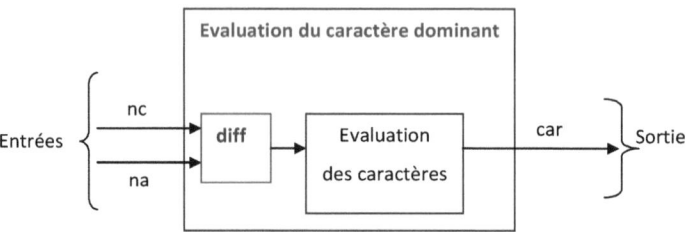

Figure 27: Le module évaluation du caractère dominant.

La variable *diff* exprime la différence entre le nouveau caractère conciliateur (nc) et le nouveau caractère agressif (na) :

$$diff = nc - na$$

Etant donné que la variable *diff* est indirectement déduite à partir de deux variables floues (var-c et var-a), elle peut être aussi modélisée comme une variable floue

3.3.1. Modélisation floue du module évaluation du caractère dominant :

Le mécanisme d'inférence Mamdani (présenté par la Figure 28) permet de fournir la valeur numérique du caractère dominant (présenté par la variable car) à partir de la variable *diff* .

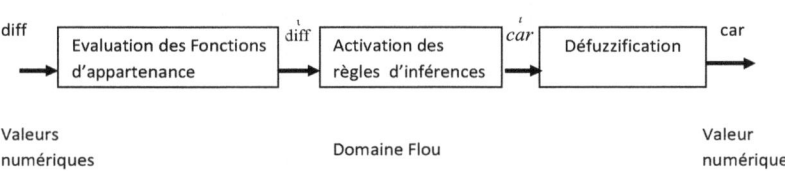

Entrées   Sortie

Figure 28: Synoptique du système flou pour l'évaluation du caractère dominant.

$D\widetilde{i}ff$ et $c\widetilde{a}r$ sont respectivement les variables floues de $diff$ et de car.

a. Modèle flou de la variable $diff$

L'univers de discours de la variable $diff$ est représenté par quatre classes floues {très-négatif, négatif, positif, très-positif} (présentées dans la Figure 29) caractérisées par les fonctions d'appartenances suivantes:

– μ_{tneg} (diff) : mesure le degré d'appartenance de la variable $diff$ à la classe très-négatif.

$$\mu_{tneg}(diff) =$$
$$\begin{cases} 1 & \text{si } diff = -6 \ (\text{diff est totalement très négatif}) \\ 0 & \text{si } diff \in [-2\ 10] \ (\text{diff est non très négatif}) \\ ]0\ 1\ [& \text{si diff } \in]-10\ -6[\cup]-6\ -2[\ (\text{diff est partiellement très nègatif}) \end{cases}$$

– μ_{neg} (diff) : mesure le degré d'appartenance de la variable *diff*
à la classe négatif.

$\mu_{neg}(diff) =$

$$\begin{cases} 1 & \text{si } diff = -2 \ (\text{ diff est totalement négatif)} \\ 0 & \text{si } \quad diff \in [-10 \ -6] \cup [2 \ \ 10] \ (\text{ diff est non négatif)} \\ ]0 \ 1[& \text{si diff } \in]-6 \ -2[\cup]-2 \ \ 2[\ (\text{ diff est partiellement négatif)} \end{cases}$$

– μ_{pos} (diff) : mesure le degré d'appartenance de la variable
diff à la classe positif.

$\mu_{pos}(diff) =$

$$\begin{cases} 1 & \text{si } diff = 2 \ (\text{ diff est totalement positif)} \\ 0 & \text{si } \quad diff \in [-10 \ -2] \cup [6 \ \ 10] \ (\text{ diff est non positif)} \\ ]0 \ 1[& \text{si diff } \in]-2 \ \ 2[\cup]2 \ \ 6[\ (\text{ diff est partiellement négatif)} \end{cases}$$

– μ_{tpos} (diff) : mesure le degré d'appartenance de la variable
diff à la classe très-positif.

$\mu_{tpos}(diff) =$

$$\begin{cases} 1 & \text{si } diff = 6 \ (\text{ diff est totalement très\_positif)} \\ 0 & \text{si } \quad diff \in [-10 \ 2] \ (\text{ diff est non très\_positif)} \\ ]0 \ 1[& \text{si diff } \in]2 \ 6[\cup]6 \ \ 10[\ (\text{ diff est partiellement très\_positif)} \end{cases}$$

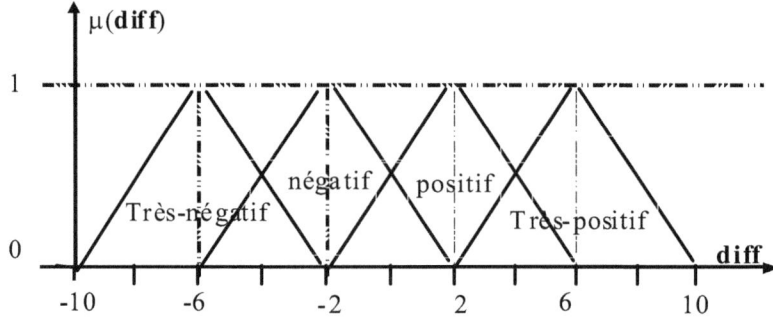

Figure 29: Fuzzification de la variable diff

b. Elaboration de la base des règles d'inférence

La base des Règles est sous la forme:

SI *diff* est [très-négatif | négatif | positif| très-positif] **ALORS** car est [très-agressif | agressif | conciliateur| très-conciliateur]

➢ **La base d'inférence contient les règles suivantes:**

If diff est très-négatif ALORS car est très-agressif

If diff est négatif ALORS car est agressif

If diff est positif ALORS car est conciliateur

If diff est très-positif ALORS car est très-conciliateur

c. Défuzzification

Comme indiqué dans la Figure 30, la variable de sortie *car* est définit par les 4 fonctions d'appartenance {très-agressif, agressif, conciliateur, très-conciliateur}.

La variable $c\breve{a}r$ est exprimée par :

$$c\breve{a}r \quad \text{est } [\text{très - agressif} \,|\, \text{agressif} \,|\, \text{conciliateur} \,|\, \text{très - conciliateur}]$$

Le centre de gravité (1) des fonctions d'appartenance floue de la variable de sortie $c\breve{a}r$ est utilisé pour le processus de Défuzzification (numérisation de $c\breve{a}r$) afin d'exprimer le comportement dominant de l'agent(a) au cours du processus de négociation.

86

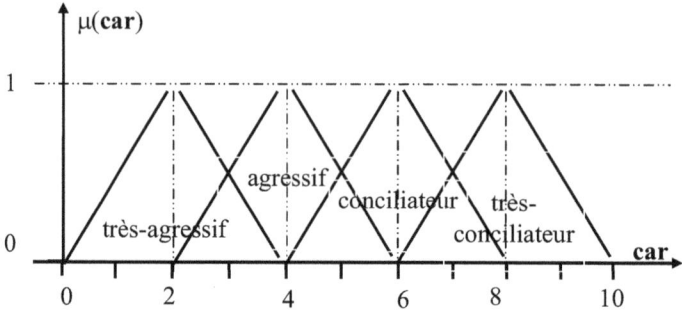

Figure 30 : Défuzzification de la variable car

3.4 Mise à jour de la proposition

La mise à jour de la proposition de l'agent (a) est procédée par le processus de contrôle de la variation δP_a dont le but est de générer une offre ($P_a^{t+1} = P_a^{t-1} + \delta P_a * P_a^{t-1}$) dépendante des variables du contexte courant du processus de négociation tels que le caractère dominant de l'agent(a) (conciliateur/agressif), la dernière offre de l'agent (v) et le gain de l'agent(a) obtenu par cette offre, et le temps actuel de négociation.

Les entrées du système, présentées dans la Figure 31, sont les variables linguistiques car, t et G_a dont les classes d'appartenances sont respectivement {très-agressif, agressif, conciliateur, très-conciliateur}, {favorable, critique, défavorable}, et {négatif, positif, très- positif}.

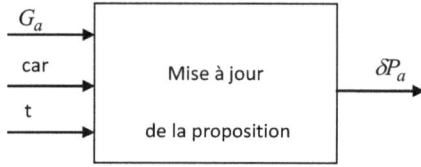

Figure 31: Le module mise à jour de la proposition.

87

Ces variables linguistiques représentent respectivement :

- car : le caractère de l'agent (a)

- G_a : le gain moyen de l'agent (a) obtenu par la proposition de l'agent (v) à l'instant t .

$$G_a = \frac{P_r - P_v^t}{P_r - P_a^{t_0}}$$

- t : temps courant de la négociation

- δP_a : variation de la proposition de l'agent (a)

3.4.1. Modélisation floue du module mise à jour de la proposition

La quantification de la variation δP_a , modélisée par la Figure 32 est générée à partir des processus de fuzzification des variables G_a , car et t, d'activation des règles d'inférence et de défuzzification de la variable $\widetilde{\delta P}_a$.

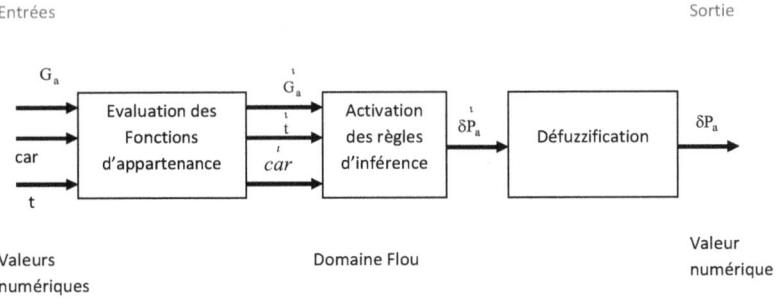

Figure 32: Synoptique du système flou pour la mise à jour de la proposition.

88

La Figure 32 montre des variables transitoires $\widetilde{car}$, $\widetilde{G}_a$, $\widetilde{t}$, et $\widetilde{\delta P}_a$ qui sont respectivement les variables floues de car, G_a, t et de δP_a.

a. Modèle flou de la variable G_a

Le gain G_a mesure le bénéfice de l'agent (a) déduit de la dernière offre de l'agent (v). Il peut être attribué à trois classes floues {négatif, positif, très-positif}, présentée dans la Figure 33, dont les fonctions d'appartenances sont définis par:

– $\mu_n(G_a)$: mesure le degré d'appartenance de la variable G_a à la classe négative.

$\mu_n(G_a) =$

$$\begin{cases} 1 & si \ G_a \leq -0,2 \ (G_a \ est \ totalement \ négatif) \\ 0 & si \ G_a \geq 0,2 \ (G_a \ est \ non \ négatif) \\ ]0 \ 1[& si \ G_a \in \ ]-0,2 \ 0,2[\quad (G_a \ est \ partiellement \ négatif) \end{cases}$$

– $\mu_p(G_a)$: mesure le degré d'appartenance de la variable G_a à la classe positive.

$\mu_p(G_a) =$

$$\begin{cases} 1 \ si \ G_a \in [0,2 \ 0,4] \ (G_a \ est \ totalement \ positif) \\ 0 \ si \ G_a \leq -0,2 \ ou \ G_a \geq 0,8 \ (G_a \ est \ non \ positif) \\ ]0 \ 1[\quad si \ G_a \in \ ]-0,2 \ 0,2[\ \cup \ ]0,4 \ 0,8[(G_a \ est \ partiellement \ positif) \end{cases}$$

— $\mu_{tp}(G_a)$: mesure le degré d'appartenance de la variable G_a à la classe très-positive.

$\mu_{tp}(G_a) =$

$$\begin{cases} 1 & si \ \ G_a \geq 0{,}8 \ (\ G_a \ est \ totalement \ \text{très} - \text{positif}) \\ 0 & si \ \ G_a \leq 0{,}4 \ (G_a \ est \ non \ \text{très} - \text{positif}) \\ ]0 \ 1[& si \ \ G_a \in \ ]0{,}4 \ 0{,}8[\quad (G_a \ est \ partiellement \ \text{très} - \text{positif}) \end{cases}$$

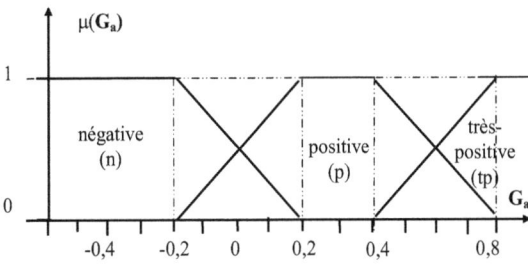

Figure 33: les fonctions d'appartenance de la variable Ga

b. La base d'inférence floue :

Nombre de règles $N_r = 3^2*4^1 = 36$

1. SI   car   est   très-agressif ET G_a est   négatif ET t est   critique ALORS δP_a est   petit

2. SI   car   est   très-agressif ET G_a est   positif ET t est   critique ALORS δP_a est   très-petit

3. SI car est très-agressif ET G_a est très-positif ET t est critique ALORS δP_a est très-petit

4. SI car est très-agressif ET G_a est négatif ET t est défavorable ALORS δP_a est très-petit

5. SI car est très-agressif ET G_a est positif ET t est défavorable ALORS δP_a est très-petit

6. SI car est très-agressif ET G_a est très-positif ET t est défavorable ALORS δP_a est très-petit

7. SI car est conciliateur ET G_a est négatif ET t est favorable ALORS δP_a est moyen

8. SI car est conciliateur ET G_a est positif ET t est favorable ALORS δP_a est petit

9. SI car est conciliateur ET G_a est très-positif ET t est favorable ALORS δP_a est très-petit

10. SI car est conciliateur ET G_a est négatif ET t est critique ALORS δP_a est petit

11. SI car est conciliateur ET G_a est positif ET t est critique ALORS δP_a est très-petit

12. SI car est conciliateur ET G_a est très-positif ET t est critique ALORS δP_a est très-petit

13. SI car est conciliateur ET G_a est négatif ET t est défavorable

ALORS δP_a est très-petit

14. SI car est conciliateur ET G_a est positif ET t est défavorable

ALORS δP_a est très-petit

15. SI car est conciliateur ET G_a est très-positif ET t est

défavorable ALORS δP_a est très-petit

16. SI car est agressif ET G_a est négatif ET t est favorable

ALORS δP_a est moyen

17. SI car est agressif ET G_a est positif ET t est favorable

ALORS δP_a est petit

18. SI car est agressif ET G_a est très-positif ET t est favorable

ALORS δP_a est très-petit

19. SI car est agressif ET G_a est négatif ET t est critique

ALORS δP_a est petit

20. SI car est agressif ET G_a est positif ET t est critique

ALORS δP_a est très-petit

21. SI car est agressif ET G_a est très-positif ET t est critique

ALORS δP_a est très-petit

22. SI car est agressif ET G_a est négatif ET t est défavorable

ALORS δP_a est très-petit

23. SI car est agressif ET G_a est positif ET t est défavorable

ALORS δP_a est très-petit

24. SI car est agressif G_a est très-positif ET t est défavorable ALORS δP_a est très-petit

25. SI car est très-conciliateur G_a est négatif ET t est favorable ALORS δP_a est grand

26. SI car est très-conciliateur G_a est positif ET t est favorable ALORS δP_a est moyen

27. SI car est très-conciliateur G_a est très-positif ET t est favorable ALORS δP_a est très-petit

28. SI car est très-conciliateur G_a est négatif ET t est critique ALORS δP_a est moyen

29. SI car est très-conciliateur G_a est positif ET t est critique ALORS δP_a est petit

30. SI car est très-conciliateur G_a est très-positif ET t est critique ALORS δP_a est très-petit

31. SI car est très-conciliateur G_a est négatif ET t est défavorable ALORS δP_a est très-petit

32. SI car est très-conciliateur G_a est positif ET t est défavorable ALORS δP_a est très-petit

33. SI car est très-conciliateur G_a est très-positif ET t est défavorable ALORS δP_a est très-petit

c. Défuzzification

La phase de défuzzification, illustrée par la Figure 34, présente la quantification (ou numérisation) de la variable floue $\delta\tilde{P}_a$ définie par :

$$\delta\tilde{P}_a = \left[u(très-petit),\ u(petit),\ u(moyen),\ u(grand) \right]$$

Le centre de gravité (1) de ce vecteur, composé des quatre fonctions d'appartenances, est appliqué pour extraire la variation de la proposition δP_a.

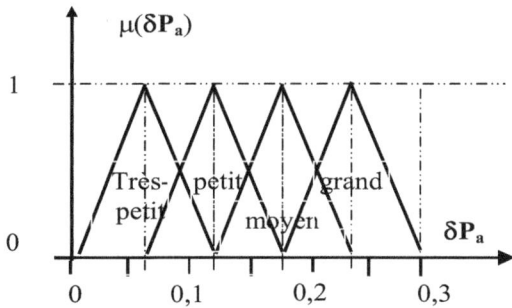

Figure 34: Défuzzification de la variable δP

3.6 Système flou de négociation basé sur la personnalité

L'imbrication de l'ensemble des modules de contrôle des caractères, la mise à jour des caractères, l'évaluation du caractère dominant, et la mise à jour de la proposition, a permis de bâtir un système flou complexe de négociation basé sur la personnalité d'un agent (présenté dans la Figure 35) permettant la simulation d'un comportement de négociation. L'objectif ultime de ce système est de guider un processus de négociation gagnant basé essentiellement sur le comportement collaboratif et compétitif de l'agent intelligent.

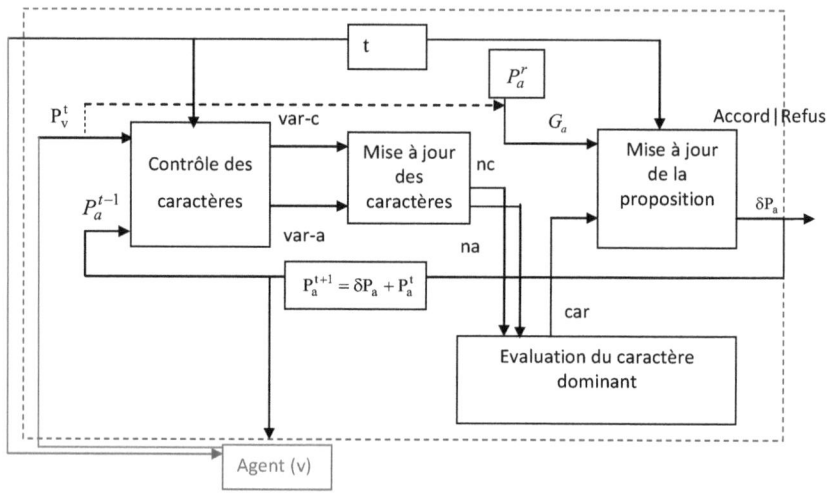

Figure 35:Le système flou de négociation basé sur le tempérament

La Figure 35 décrit d'une manière synthétique les différents composants et variables du modèle basé sur la personnalité définis comme suit:

- Contrôle des caractères: système flou de contrôle de la variation des caractères conciliateur et agressif. Les variables de sortie de ce système sont var-c et var-a.

- Mise à jour des caractères : système d'actualisation des caractères. Il reçoit comme entrée les taux de variation des caractères conciliateur et agressif et fournit les nouveaux caractères nc et na.

– Evaluation du caractère dominant : système flou d'estimation du comportement prépondérant de l'agent(a).

– Mise à jour de la proposition : système flou d'évaluation du taux de variation de la proposition.

– t : temps actuel de négociation

– P_v^t : proposition de l'agent (v) à l'instant t

– P_a^{t-1} : proposition de l'agent (a) à l'instant $t-1$

– var $- c$: taux de variation du caractère conciliateur

– var $- a$: taux de variation du caractère agressif

– P_a^r : proposition limite réservé par l'agent (a)

– G_a : le gain de l'agent (a) en acceptant la proposition de l'agent (v),

– nc : nouveau caractère conciliateur mis à jour de l'agent (a)

– na : nouveau caractère agressif mis à jour de l'agent (a)

– car : caractère conciliateur | agressif dominant

– δP_a : taux de variation de la valeur proposé par l'agent (a) à l'instant $t+1$ tel que :

$$P_a^{t+1} = P_a^{t-1} + \delta P_a * P_a^{t-1}$$

A chaque proposition de l'agent (v), l'agent (a) fournit une contre-proposition influencée par son caractère et ses objectifs souhaités.

La réponse de cet agent à l'instant $t+1$ suite à l'offre proposée par l'agent (v) à l'instant t est comme suit :

- refus si $t > T$ (temps limite de négociation est dépassé)

- acceptation si $P_v^t \leq P_a^{t+1}$

- Proposition P_a^{t+1} sinon

4. Evaluation ET Validation de l'approche basée sur le tempérament flou

Afin d'évaluer et de valider l'approche floue de négociation proposée, nous avons réalisé des expériences mettant en évidence des tests de performance du modèle en se basant sur les mesures de gain (en prix), du temps, et de taux de réussite du processus de négociation. Les expériences menées portent sur une confrontation entre deux modèles : le modèle proposé flou basé sur le tempérament et le modèle dépendant du temps (56), en modifiant à chaque fois un trait de caractère tel que agressif, neutre, ou conciliateur d'un des deux modèles décrits ci-dessous.

4.1 Environnement et Paramètres de négociation: La négociation du prix d'un bien entre un acheteur et un vendeur

Comme exemple d'illustration de l'approche floue proposée, une analyse expérimentale du comportement d'un agent acheteur basé sur tempérament flou (tactiques floues de négociation) face à un vendeur (v) à comportement dépendant du temps (tactiques dépendantes du temps de négociation), dans une négociation bilatérale concernant le prix d'un objet, a été réalisée où:

➤ L'agent acheteur (a) est doté de:

‒ Une base de connaissances,

‒ Un ensemble de caractères,

‒ Un ensemble de tactiques croissantes (dépendantes du temps) de prise de décisions (génération d'offres),

‒ Une capacité d'adaptation à l'environnement grâce à la logique floue,

➤ L'agent vendeur est caractérisé par:

‒ Une base de connaissances,

‒ Un ensemble de caractères,

‒ Un ensemble de tactiques décroissantes (dépendantes de la personnalité floue) de prise de décisions (génération d'offres).

4.2 Mesures d'Evaluation

Le problème de la négociation est présenté sous la forme d'un jeu stratégique défini par le triplé $< A, P, U >$ où :

- A est l'ensemble de joueurs, $A = \{a, v\}$ (a : acheteur, v : vendeur)

- P est l'ensemble de stratégies des deux joueurs :

$$P = \{\{P_v^{t_0}, P_v^{t_0+2}, P_v^{t_0+4}, .., P_v^{T_{mv}}\}, \{P_a^{t_0+1}, P_a^{t_0+3}, P_a^{t_0+5}, .., P_a^{T_{ma}}\}\}$$

  o $P_v^{t_0}$ la proposition du vendeur v à l'instant t_0

  o $P_a^{t_0+1}$ la proposition de l'acheteur a à l'instant t_{0+1}

  o $P_v^{T_{mv}}$ et $P_a^{T_{ma}}$ sont respectivement les dernières offres possibles de v et de a à T^{mv} et T^{ma} tel que $\max(T^{ma}, T^{mv}) <= \min(T_{\max}^a \ et \ T_{\max}^v)$; $T_{\max}^a$ et $T_{\max}^v$ sont respectivement les délais de négociation de l'acheteur a et du vendeur v .

Afin d'évaluer les tactiques de négociation proposées, les mesures d'évaluation sont :

- U : fonction d'évaluation de gain à chaque proposition donnée :

  o Evaluation du gain de l'acheteur suite à une proposition P:
  $$U_a = (\max{}_a - P) / (\max{}_a - \min{}_a)$$

  o Evaluation du gain du vendeur suite à une proposition P:
  $$U_v = (P - \min{}_v) / (\max{}_v - \min{}_v)$$

  P est la dernière proposition issue d'un des deux joueurs (a) ou (v); $P = \{P_v^t \ / \ P_a^t\}$.

– Pacc: Pourcentage d'Accords pour une expérimentation réussie (expérimentation aboutissant à un accord):

$$Pacc = \frac{nombre\ total\ des\ accords}{nombre\ total\ des\ cas\ de\ negociations}$$

– Ntr: le nombre de tours moyen pour atteindre un accord:

$$Ntr = \frac{somme\ des\ nombres\ de\ tours\ pour\ atteindre\ un\ accord}{nombre\ total\ des\ accords}$$

4.3 Protocole Expérimental

Afin d'évaluer les différentes tactiques proposées, en termes de gain d'utilité, du temps et du taux d'accords, dans les diverses situations (divers comportements), on a réalisé un ensemble d'expérimentations de négociation entre des acheteurs (se comportant selon l'approche tempéramentale floue) et des vendeurs (se comportant selon l'approche dépendante du temps), en suivant le protocole expérimental suivant.

Le but de chaque expérimentation, est de confronter des acheteurs et des vendeurs dotés d'approches différentes et de caractères (tempéraments) différents et de déterminer les utilités moyennes résultantes, le pourcentage d'accord, et le taux de réussites des cas de négociation.

4.3.1. Tactiques de négociation

Deux classes de tactiques sont confrontées :
1) La classe de tactiques floues basée sur la personnalité définie par:

- $T_{\max}^{a}$: Temps maximal de négociation pour l'acheteur

- $\min_a$: La valeur minimale limite réservée (du prix) que peut atteindre l'acheteur

- $\max_a$: La valeur maximale désirée (du prix) proposée par l'acheteur. $\max_a = \min_a + \theta^a$

- θ^a : L'intervalle de négociation pour l'agent acheteur, $\theta^a = \max_a - \min_a$

- ∂ : Le degré d'intersection entre l'intervalle de négociation du vendeur et celui de l'acheteur, $\partial \in [0 \quad 0.99]$; $\partial \approx 0$ désigne un chevauchement total; $\partial \approx 0.99$ désigne un non-chevauchement entre les deux intervalles.

- c : la valeur du caractère conciliateur interne de l'acheteur, $c \in [0 \quad 10]$

- a : la valeur du caractère agressif interne de l'acheteur, $a \in [0 \quad 10]$

2) La classe de tactiques dépendantes du temps définie par:

$$P_v^t = \min_v + (1 - \alpha(t)) \cdot \left(\max_v - \min_v \right)$$

- $\alpha(t)$: une fonction dépendante du temps qui détermine la vitesse de concession d'une offre:

$$\alpha(t) = \left(\frac{t}{T_{\max}^{v}} \right)^{\frac{1}{\beta}}$$

- $T_{\max}^{v}$: Temps maximal de négociation pour le vendeur

- $\min_{v}$: La valeur minimale limite du prix (réservée) que peut atteindre le vendeur, $\min_{v} = \min_{a} + \theta^{a} . \partial$

- $\max_{v}$: La valeur maximale du prix (désirée) proposée par le vendeur, $\max_{v} = \min_{v} + \theta^{v}$

- θ^{v} : L'intervalle de négociation pour l'agent vendeur, $\theta^{v} = \max_{v} - \min_{v}$

- ∂ : Le degré d'intersection entre l'intervalle de négociation du vendeur et celui de l'acheteur, $\partial \in [0 \;\; 0.99]$; $\partial \approx 0$ désigne un chevauchement total ; $\partial \approx 0.99$ désigne un non-chevauchement.

- β : Le degré d'agressivité ou de concession de l'agent. Si $\beta < 1$ alors l'agent est agressif sinon si $\beta > 1$ alors il est conciliateur. [56] [57]

Le Tableau 2 présente les tactiques dépendantes de la variation de c et a (pour l'acheteur A) et de β (pour le vendeur V).

Classes	Noms	Intervalles
Dep. temps	Conciliateur (VC)	$\beta \in [0.1 \quad 0.2]$
Dep. temps	Neutre (VN)	$\beta = 1.0$
Dep. temps	Agressif (VA)	$\beta \in [20.0 \quad 40.0]$
Tempérament floue	Conciliateur (AC)	$c \in [0.0 \quad 4.0]$ $a \in [6.0 \quad 1.0]$
Tempérament floue	Neutre (AN)	$c = a = 5.0$
Tempérament floue	Agressif (AA)	$c \in [6.0 \quad 1.0]$ $a \in [0.0 \quad 4.0]$

Tableau 2: Les tactiques de négociation

4.3.2. Protocoles de négociation :

- La prise de décisions s'effectue en une séquence de négociation bilatérale automatisée en tours.

- Chaque tour est composé d'une proposition et d'une contre-proposition.

- La contre-proposition d'un agent (a) à l'instant $t+1$ suite à l'offre proposée par l'agent (v) à l'instant t est :

    - Refus si $t > T_{max}^{a}$
    - Accord si $P_v^t \leq P_a^{t+1}$
    - Sinon proposition P_a^{t+1}

103

- La contre proposition d'un agent (v) à l'instant $t+1$ suite à l'offre proposée par l'agent (a) à l'instant t est :

  - Refus si $t > T_{\max}^v$
  - Accord si $P_a^t \geq P_v^{t+1}$
  - Sinon proposition P_v^{t+1}

4.3.3. Expériences

A fin d'expérimenter toutes les combinaisons possibles des tactiques de négociation nous avons réalisé trois cas contenant chacune neuf expériences définies comme suit:

1. cas1: $T_{\max}^a > T_{\max}^v \Rightarrow T_{\max} = T_{\max}^v$

2. cas2: $T_{\max}^a = T_{\max}^v \Rightarrow T_{\max} = T_{\max}^v = T_{\max}^a$

3. cas3: $T_{\max}^a < T_{\max}^v \Rightarrow T_{\max} = T_{\max}^a$

Les neuf (09) expériences dans chaque cas de négociation sont:

- 1ère expérience: Acheteurs Agressifs (AA)/Vendeurs Agressifs (VA),

- 2ème expérience: Acheteurs Agressifs (AA) / Vendeurs Neutres (VN),

- 3ème expérience: Acheteurs neutres (AN) / Vendeurs Agressifs (VA),

- 4ème expérience: Acheteurs neutres (AN) / Vendeurs Neutres (VN),

- 5ème expérience: Acheteurs agressifs (AA) / Vendeurs Conciliateurs (VC),

- 6ème expérience: Acheteurs conciliateurs (AC) / Vendeurs Agressifs (VA),

- 7ème expérience: Acheteurs conciliateurs (AC) / Vendeurs Conciliateurs (VC),

- 8ème expérience: Acheteurs conciliateurs (AC) / Vendeurs Neutres (VN),

- 9ème expérience: Acheteurs neutres (AN) / Vendeurs Conciliateurs (VC).

4.3.4. Choix des paramètres de négociation

- Le choix du candidat qui débute la négociation est aléatoire.

- $\left\{ T_{\max}^{v} , T_{\max}^{a} \right\} \in \begin{bmatrix} 20 & 100 \end{bmatrix}$

- $\min_{a} = 10$

- $\theta^{a} \in \begin{bmatrix} 10 & 90 \end{bmatrix}$

- $\theta^{v} \in \begin{bmatrix} 10 , 90 \end{bmatrix}$

- $\partial = 0$

- $T_{\max}$ (délai de la négociation) = min $(T_{\max}^v, T_{\max}^a)$: la valeur minimale entre $T_{\max}^v$ et $T_{\max}^a$

4.4 Expérimentation des négociations réussies et échouées

Dans les trois cas (Cas1, Cas2, et Cas3) en tenant compte des négociations réussies et échouées, une étude comparative a été menée entre l'approche floue basée sur la personnalité et l'approche dépendante du temps, portant sur la moyenne des utilités moyennes des négociateurs de tactiques différentes dans le but de déterminer la plus favorable.

1. **Cas1: Expérimentations des utilités moyennes des négociateurs pour $T_{\max}^a > T_{\max}^v$**

Dans ce premier cas, nous remarquons d'après la Figure 36, la grande variation des moyennes des utilités des joueurs de tactiques de négociation différentes (décrites dans le Tableau 5 de l'annexe 5). Nous remarquons aussi, la prédominance des utilités moyennes des acheteurs (a) avec l'approche tempéramentale floue par rapport à celles des vendeurs (v) avec l'approche dépendante du temps sauf pour les 3 cas suivants:

- Acheteur agressif / (contre) Vendeur agressif (AA/VA),

- Acheteur neutre / (contre) Vendeur agressif (AN/VA),

- Acheteur conciliateur / (contre) Vendeur agressif (AC/VA).

Ces résultats montrent que la tactique agressive de la stratégie dépendante du temps est la tactique la plus avantageuse en terme d'utilité moyenne que les autres tactiques de négociation.

106

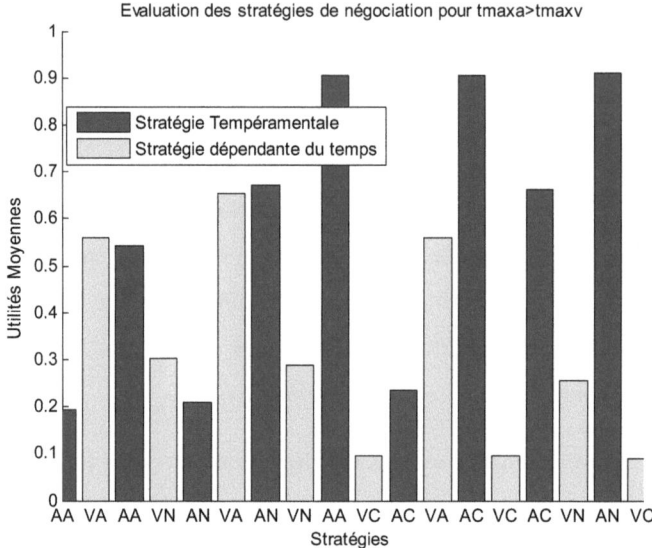

Figure 36: Utilités moyennes des joueurs en négociation pour
$$T_{\max}^a > T_{\max}^v$$

2. Cas2: Expérimentations des utilités moyennes des négociateurs pour $T_{\max}^a = T_{\max}^v$

En égalisant les délais de négociation des deux stratégies, nous observant d'après la Figure 62(Annexe 5) l'augmentation des utilités moyennes des joueurs de stratégie basée sur la personnalité (en les comparants à celles du cas précédent).

Nous observons de même que les utilités moyennes des acheteurs de stratégie tempéramentale floue ne sont inférieures à celles des vendeurs que dans les expériences suivantes :

- Acheteur agressif / (contre) Vendeur agressif (AA/VA)

- Acheteur neutre / (contre)Vendeur agressif (AN / VA)

- Acheteur conciliateur/ (contre) Vendeur agressif (AC / VA)

Idem comme le cas précédent ($T_{\max}^{a} > T_{\max}^{v}$), la tactique agressive de la stratégie dépendante du temps est la tactique la plus gagnante en terme d'utilités moyennes.

3. Cas3: Expérimentations des utilités moyennes des négociateurs pour $T_{\max}^{a} < T_{\max}^{v}$

D'après la Figure 63(Annexe 5) nous remarquons qu'un délai limite de négociation des acheteurs de stratégie tempéramentale floue entraine une baisse globale des utilités moyennes des différentes tactiques, surtout dans les cas où les vendeurs (v) sont agressifs.

Ce résultat dénote qu'un temps insuffisant de négociation d'un acheteur (a) entraine une baisse globale des chances d'accords avec son adversaire (un désaccord = des utilités nulles pour les deux parties) quelque soient les tactiques suivies.

4.5 Expérimentation des négociations réussies

Dans les trois cas (Cas1, Cas2, et Cas3) en tenant compte uniquement des négociations réussies, nous avons expérimenté les mesures des utilités moyennes des joueurs, des pourcentages des accords, et des nombres moyens de tours pour arriver à un accord.

Le but de cette expérimentation est de mettre en relief les gains en termes de prix et du temps qu'on peut atteindre dans les divers expériences ainsi que le taux de réussite.

Le but est de mettre en relief les gains des ressources financières et du temps qu'on peut atteindre dans les divers expériences ainsi que la garantie de réussite indépendamment des tactiques de négociations.

1. Cas1 : Expérimentations des utilités moyennes des négociateurs pour $T_{\max}^a > T_{\max}^v$

D'après la Figure 37 nous remarquons la prédominance des utilités moyennes de a par rapport à celles de v, sauf dans les expériences suivantes :

– Acheteur agressif / (contre) Vendeur agressif (AA/VA)

– Acheteur neutre / (contre)Vendeur agressif (AN / VA)

– Acheteur conciliateur/ (contre) Vendeur agressif (AC / VA)

Cette observation révèle que la stratégie floue basée sur la personnalité garantit un gain supérieur par rapport à la stratégie dépendante du temps sauf si cette dernière est de tactique agressive.

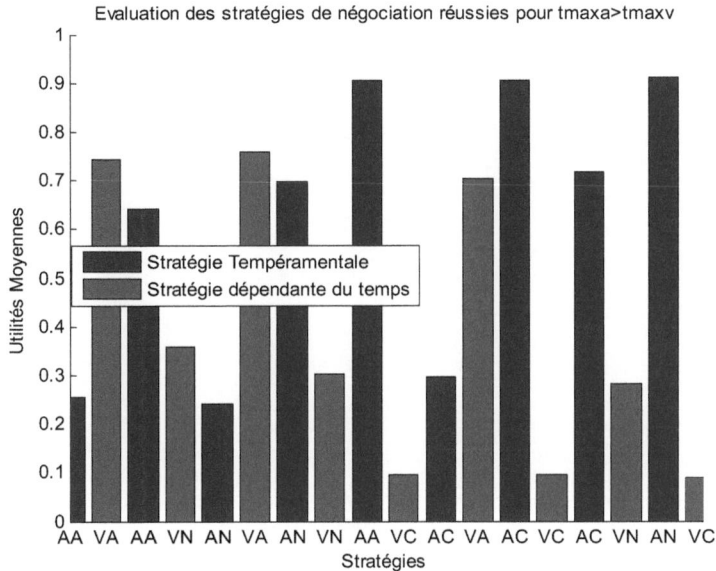

Figure 37: Utilités moyennes des joueurs en négociation réussies pour

$$T_{\max}^{a} > T_{\max}^{v}$$

➢ **Pourcentage d'accords:**

Le pourcentage d'accord reflète la garantit d'une négociation réussie selon les différentes tactiques de négociation poursuivies. Ainsi d'après la Figure 38 nous observons que le pourcentage d'accord est maximal dans les cas où les vendeurs sont conciliateurs.

C'est-à-dire que le tempérament conciliateur des vendeurs (V) participent à augmenter les taux de réussites des négociations indépendamment des tempéraments des acheteurs (A).

110

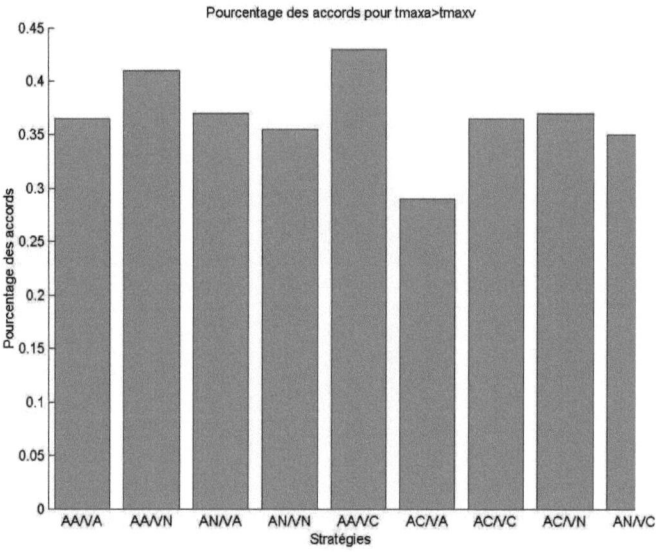

Figure 38: Pourcentage des accords pour $T_{\max}^{a} > T_{\max}^{v}$

➤ **Nombre moyen de tours pour arriver à un accord**

Cette mesure permet de déterminer le temps mis dans la négociation pour arriver à un accord. La Figure 39 montre une baisse considérable du nombre de tours pour arriver à un accord dans les cas où les vendeurs sont conciliateurs.

Ce résultat explique que le tempérament conciliateur des vendeurs aide non seulement à augmenter le taux d'accords des cas de négociation mais aussi à diminuer le temps de négociation, c.à.d. que ces derniers (les vendeurs) concèdent très rapidement vers un compromis avec leurs adversaires.

111

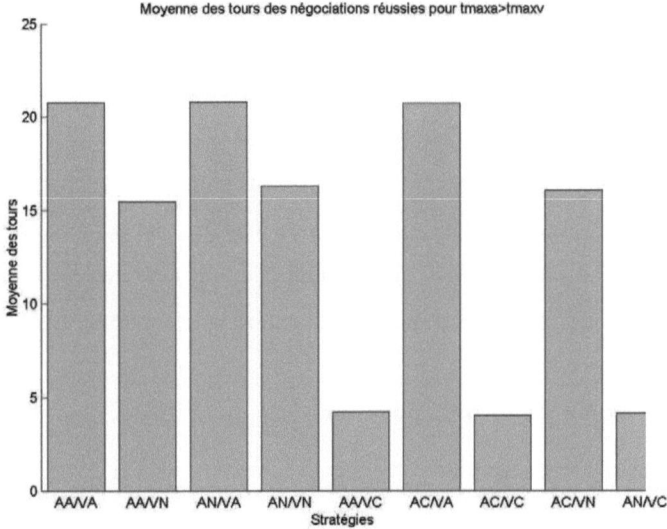

Figure 39: Nombre moyen de tours pour arriver à un accord pour

$$T_{\max}^{a} > T_{\max}^{v}$$

2. Cas2: Expérimentations des utilités moyennes des négociateurs pour $T_{\max}^{a} = T_{\max}^{v}$

En égalisant les délais de négociation des négociateurs nous remarquons d'après la Figure 64(Annexe 5) que les utilités moyennes des approches tempéramentales floues sont globalement supérieures à celles des stratégies dépendantes du temps, sauf dans les cas où les joueurs de stratégies dépendantes du temps sont agressifs.

Ce résultat montre que la vitesse de concession des joueurs agressifs de stratégie dépendante du temps vers la zone d'accord est moins importante que celle des joueurs de stratégie floue basée sur la personnalité. Ce qui entraine soit un désaccord final (utilités des joueurs nulles) soit un gain

112

plus important des stratégies dépendantes du temps par rapport à celle basée sur la personnalité.

➤ **Pourcentage d'accords:**

D'après la Figure 65(Annexe 5) nous observons un pourcentage d'accord élevé dans les expériences où l'une des deux tactiques est conciliatrice. Cette observation indique que le tempérament conciliateur d'un joueur favorise la concession vers la zone d'accord et l'acquisition d'un accord final avec son adversaire.

➤ **Nombre moyen de tours pour arriver à un accord:**

La figure 66 (Annexe 5) montre qu'un tempérament conciliateur de négociation d'au moins une deux négociateurs entraine un temps réduit de négociation.

Ce résulta met en relief l'influence du tempérament conciliateur sur la vitesse de concession du joueur vers la zone d'accord avec son adversaire ; ce qui mène à temps réduit de négociation.

3. Cas3: Expérimentations des utilités moyennes des négociateurs pour $T_{\max}^a < T_{\max}^v$

En diminuant les délais de négociation de l'approche floue basée sur la personnalité, nous remarquons d'après la Figure 67(Annexe 5) une baisse générale des utilités moyennes de cette approche, surtout dans les cas où les tactiques dépendantes du temps sont agressives.

Ce résultat montre qu'un temps réduit de négociation d'un agent de stratégie tempéramentale floue basée entraine un échec à atteindre la zone d'accord avec son adversaire de stratégie dépendante du temps (utilités

113

nulles pour les deux joueurs) surtout dont le cas où cet agent est de tactique agressive.

➤ **Pourcentage d'accords**

La Figure 68(Annexe 5) montre une baisse globale des taux des accords surtout dans les expériences où l'une des tactiques est agressive.

Ce résultat est illustré par l'influence défavorable d'un délai réduit de négociation, d'un agent de stratégie tempéramentale floue, sur l'acquisition d'un accord final avec son adversaire, de stratégie dépendante du temps, surtout dans les cas où l'un des deux joueurs est de tactique agressive.

❖ **Remarque :**

Le pourcentage d'accords augmente lorsque l'un des membres de négociation (acheteur/ vendeur) est conciliateur et il décroit lorsque au moins l'un d'eux est agressif.

En d'autres termes le tempérament des joueurs influence l'aboutissement à un accord final entre les deux joueurs:

－ Si au moins l'un des deux joueurs est conciliateur alors le pourcentage d'accord est élevé.

－ Sinon si au moins l'un d'eux est agressif alors le pourcentage d'accord est petit.

➤ **Nombre moyen de tours pour arriver à un accord**

La Figure 69(Annexe 5) montre que le nombre moyen de tours est généralement réduit si l'une des tactiques est conciliatrice. C'est à dire que

114

la vitesse de concession vers la zone d'accord d'un agent négociateur conciliateur est rapide.

❖ **Remarque :**

On remarque que plus les membres négociateurs sont agressifs plus le nombre moyen de rounds pour atteindre un accord est grand, et plus les membres négociateurs sont conciliateurs plus ce nombre (de rounds) est petit.

Ce résultat est interprété par l'influence du caractère (agressif ou conciliateur) d'un agent négociateur sur sa vitesse de concession vers la zone d'accord :

‒ Si l'agent est agressif alors sa vitesse de concession est lente et par conséquent le nombre de tours pour arriver à un accord est grand

‒ Si l'agent est conciliateur alors sa vitesse de concession est rapide et par conséquent le nombre de tours pour arriver à un accord est petit.

4.6 Observations, Interprétations, et Analyse Critique des Expérimentations

La série d'expériences réalisées, portant sur la simulation d'un processus de négociation bilatérale automatisée entre un acheteur de stratégie le changement du tempérament flou de l'agent et d'un vendeur de stratégie dépendante du temps, nous a permis de discerner deux formes d'expérimentations :

1) L'expérimentation des négociations réussies et échouées:

Cette expérimentation englobe toutes les expériences qui ont abouti ou pas à un accord final entre les deux négociateurs. Cette première forme d'expérimentation a permis de favoriser la mesure des utilités moyennes de l'approche floue basée sur la personnalité par rapport à celles de l'approche dépendante du temps sauf dans les expériences où l'approche dépendante du temps est de tactique agressive.

Elle a montré une supériorité des utilités moyennes des acheteurs d'approche tempéramentale floue par rapport à celles des vendeurs d'approche basée sur le temps sauf dans les cas où les vendeurs sont de caractères agressifs.

2) L'expérimentation des négociations réussies :

Cette deuxième forme d'expérimentation a permis d'évaluer les mesures de performance du processus de négociation bilatérale suivantes :

- Supériorité des utilités moyennes de l'approche tempéramentale floue par rapport à l'approche dépendante du temps sauf dans les expériences où l'approche dépendante du temps est de tactique agressive.

- Réduction du pourcentage d'accord dans les expériences où l'une des approches est agressive ou neutre, par contre augmentation des valeurs de cette mesure dans les expériences où l'une des dites approches est de tactique conciliatrice.

- Diminution du nombre de tours pour atteindre un accord dans les expériences où au moins l'une des deux approches est conciliatrice et augmentation de ce nombre dans les expériences où l'une des dites approches est agressive ou neutre.

Les résultats, issus des deux expérimentations, nous mènent à conclure que les traits de caractère agressif et neutre bien qu'ils favorisent une utilité moyenne importante, présentent le risque de rupture d'accord entre les négociateurs et par conséquent impliquent une perte du temps de négociation.

Autrement dit le trait de caractère conciliateur bien qu'il n'entraîne pas une utilité moyenne importante, favorise d'une part un bon terrain d'entente et d'accord entre les négociateurs, et d'autre part un gain satisfaisant du temps de négociation (en terme du nombre tours pour arriver à un accord).

5. Conclusion

Ce Chapitre présente une approche tempéramentale floue d'un agent intelligent pour la simulation d'un comportement de négociation bilatérale automatisée.

L'étude expérimentale a montré une efficacité restreinte de l'approche proposée dans la réalisation des accords souhaités avec un adversaire de stratégie dépendante du temps et par conséquent implique une perte de temps de négociation. Cette défaillance est très plausible dans les expériences où au moins l'une des deux tactiques confrontée est agressive ou neutre.

Mais par contre cette approche a prouvé une réussite globale dans la réalisation des gains des ressources financières, au sens des utilités moyennes, surtout dans les expériences de négociation réussies où l'une des tactiques confrontée est conciliatrice.

Dans le chapitre suivant, nous allons combiner l'approche rationnelle et l'approche tempéramentale floue dans l'espoir d'aboutir à un accord final avec l'adversaire (indépendamment de sa stratégie) tout en maximisant le gain souhaité.

L'objectif de la combinaison est de tirer profit des avantages des deux approches pour améliorer la performance de l'approche résultante en termes d'utilité moyenne, de temps de négociation, et de taux de réussite des cas de négociation.

Chapitre 5: Approche à la négociation basée sur la Rationalité et le tempérament de l'agent Négociateur

1. Introduction:

Dans les deux chapitres précédents nous avons présenté deux stratégies de négociation bilatérale automatisée:

- **La stratégie Rationnelle:** elle est basée sur la théorie des jeux qui tient en compte, dans chaque prise de décision, les intérêts de l'adversaire. Cette stratégie incite à créer un terrain d'entente favorable entre les deux compétiteurs (un acheteur/ (versus) un vendeur) en projetant des interactions futures réussites menant à des gains réciproques « gagnant-gagnant» (57) acceptables par les deux parties. L'étude expérimentale de cette stratégie a montré une réussite totale dans tous les cas de négociation avec l'adversaire (indépendamment du comportement de ce dernier) dans un temps réduit de négociation, mais en contre partie cette stratégie ne garantit pas un gain optimal pour le joueur rationnel.

- **La stratégie basée sur le tempérament:** elle est basée sur le changement du tempérament, au sens du caractère, d'un joueur au cours du processus de négociation. Le tempérament de l'agent est fonction de plusieurs facteurs tels que son désir à réaliser ses objectifs (58) dans un temps limité de négociation, indépendamment des objectifs et de la stratégie de son adversaire. L'étude expérimentale de cette stratégie a montré une réussite dans la réalisation d'un gain optimal lors d'un processus de négociation mais par contre a montré un taux élevé d'échecs des cas de négociations (surtout dans les cas où les joueurs sont agressifs) et un temps assez élevé pour arriver à un compromis avec l'adversaire.

Ce chapitre combine les compétences des stratégies basées sur le tempérament et la rationalité afin d'optimiser les critères de performance d'un comportement de négociation automatisée d'un agent dit Tempéro-Rationnel (doté des traits de caractère et de la rationalité).

La suite de ce chapitre est organisée comme suit : la section 5.2 présente la modélisation de l'agent Tempéro-Rationnel, la section 5.3 valide et évalue le modèle proposé, et enfin la conclusion.

2. Modélisation de l'agent Tempéro-Rationnel

Un agent **Tempéro-Rationnel**, présenté dans la **Figure 40**, forme une classe d'architecture composée de 4 sous-systèmes hiérarchisés en couches, de comportements différents, en interaction dynamique, ayant respectivement l'objectif de:

‒ Communiquer avec l'extérieur et représenter l'information à l'intérieur du système

‒ Étudier la capacité sociale (de coopération, de compétitivité, de neutralité, et de négociation) de l'agent suite à une offre d'un adversaire et fournir une contre-offre correspondante

120

— Étudier la rationalité de l'agent dans sa prise de décision, permettant de contrôler ses comportements en lui apportant des solutions aux problèmes de compétitivité et de divergence

Étudier la prise de décision finale de l'agent en combinant les réponses issues des autres sous systèmes

L'objectif de l'ensemble des composants du système est d'avoir un comportement global stable capable d'apprendre des comportements de négociation, de coopération, de compétition, ou de neutralité, lui permettant de s'adapter intelligemment aux éventuels changements de l'environnement et visant à assurer une réussite dans les différents cas de négociation, afin de satisfaire le(s) but(s) projeté(s).

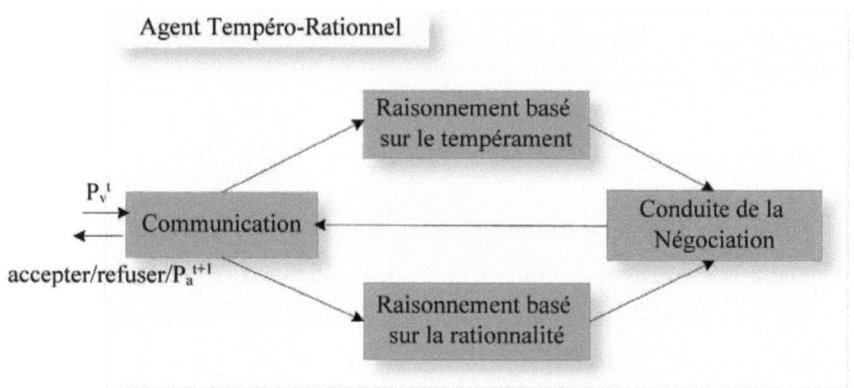

Figure 40: Les Raisonnements de l'agent Tempéro-Rationnel

2.1 Le Raisonnement flou basé sur le tempérament

Ce raisonnement, basé sur la logique floue, a pour rôle le contrôle du changement de l'état affectif interne de l'agent suite aux informations issues de l'adversaire et la génération d'une contre-proposition appropriée

121

répondant à ces objectifs de conception (tels que maximiser le gain et réduire le temps de la négociation). La **Figure 41** montre le flot des données dans le sous-système basé sur le tempérament qui à partir de la proposition courante de l'adversaire (P_v^t) et la dernière proposition de l'agent Tempéro-Rationnel (P_a^{t-1}), fournit une contre-proposition (P_a^{t+1})/ un accord final/ ou un refus de l'offre courante de l'adversaire.

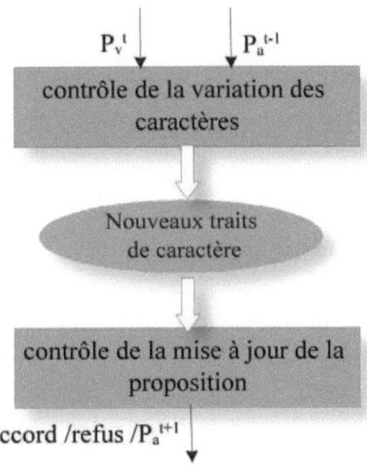

Figure 41: Raisonnement basé sur le tempérament

- P_a^{t-1} et P_v^t : sont respectivement les propositions de l'agent (v) et (a) à l'instant $t-1$ et t

- P_a^{t+1} : est la réponse du raisonnement basé sur le tempérament de l'agent (a) à l'instant $t+1$.

Le système du raisonnement basé sur le tempérament est composé de deux sous-systèmes flous en interaction dynamique :

a. Le sous-système de contrôle de la variation des caractères :

Il modélise la variation des traits de caractère d'un agent négociateur autant que conciliateur, ou agressive suite aux données d'entrées, et du temps actuel de négociation (t). Il fournit, comme sortie, le nouveau trait de caractère de l'agent négociateur.

b. Le sous-système de contrôle de la variation de la proposition :

A partir d'un trait de caractère, d'un gain objectif à réaliser, et du temps actuel de la négociation, ce sous-système fournit l'une des sorties suivantes :

- P_a^{t+1} : La contre-proposée à $t+1$,

- L'accord de la dernière offre de l'adversaire si elle répond à ses objectifs.

- Le refus si le temps maximal de la négociation a été dépassé.

La contre-proposition du système du raisonnement basé sur le tempérament est **subjective** dans la mesure où elle répond aux buts égocentriques de l'agent sans tenir compte de ceux l'adversaire.

2.2 Le Raisonnement Rationnel

Le raisonnement rationnel est fondé sur l'esprit collaboratif dans la réalisation des objectifs, à fin d'aboutir à un accord satisfaisant les agents négociateurs.

Cette méthode du raisonnement décompose le problème complexe de négociation (le jeu de négociation) en plusieurs sous-problèmes séquentiels plus simples (les sous-jeux), de manière à ce que la solution de chaque sous-problème soit efficace pour répondre aux finalités souhaitées.

Comme illustré dans la Figure 42, la négociation bilatérale automatisée est représentée par un jeu stratégique séquentiel entre deux parties : l'agent (a) et l'agent (v). La totalité du jeu est subdivisée en un ensemble consécutif de sous-jeux indépendants. L'objectif de cette représentation est de chercher à l'intérieur de chaque sous jeux l'ensemble de solution, dites solutions d'équilibres, acceptables par les deux parties.

A l'intérieur de chaque sous-jeu, si le temps maximal de la négociation n'est pas encore franchi, l'agent (v/a) (en cas de refus de la proposition de l'agent (a/v)) fournit comme contre-proposition la valeur d'équilibre de ce sous-jeu, estimée acceptable par les deux agents, à fin de garantir un accord mutuel.

Le point d'équilibre est calculé à partir de la restriction de l'équation d'équilibre parfait de Nash des sous-jeux de négociation par un ensemble de contraintes de préférences du négociateur rationnel (la démonstration a été réalisée dans le chapitre 3).

La proposition du négociateur rationnel (au niveau du sous-jeu), si le temps maximal de négociation Tmaxa n'est pas encore atteint, est la solution du système :

$$\max_{P^*}\left[\left(P^* - P_v^t\right)^2\right]$$

$$^1 S.C \begin{cases} P_a^r - P^* \geq 0 \\ P_v^t - P_a^{t+1} \geq 0 \\ 2 * P_a^r - P_a^{t+1} - P_v^t \geq 0 \end{cases}$$

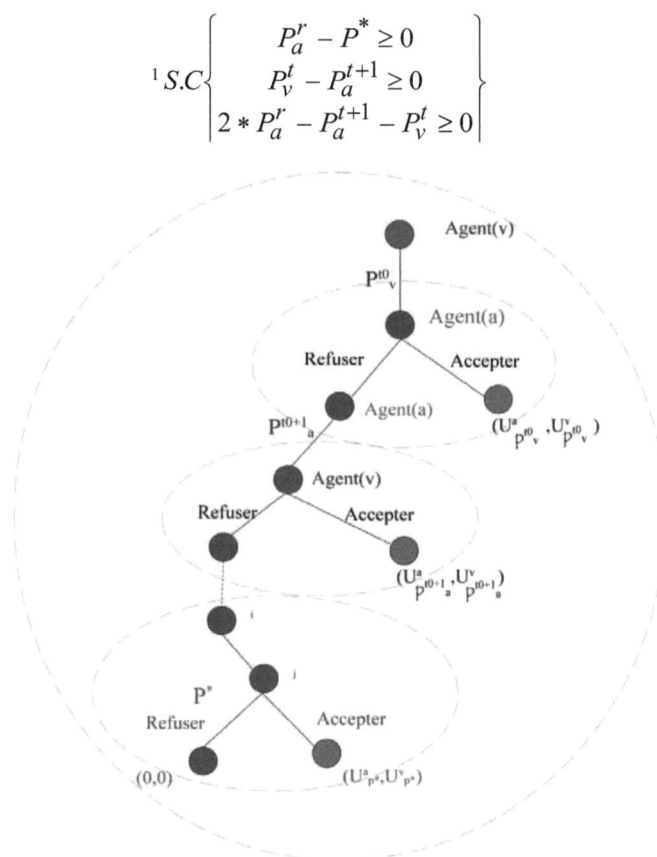

Figure 42: Jeu de négociation séquentiel entre deux agents

Supposant qu'à l'instant t l'agent(v) fournit la proposition P_v^t, si cette proposition ne satisfait pas les objectifs de l'agent(a) (rationnel), alors ce dernier fournit une nouvelle proposition d'équilibre P_a^{t+1} tenant en compte les préférences des deux joueurs.

---

[1] P_a^r : La proposition réservée de l'agent (a)

2.3 La conduite de négociation

Le module de la conduite de négociation gère l'ensemble potentiel des offres acceptables par l'adversaire issues du raisonnement basé sur le tempérament et du raisonnement rationnel, pour fournir la prise de décision finale du système.

Etant donné une proposition P_v^t offerte par l'agent(v) à l'instant t et non acceptée par l'agent(a), la contre-proposition de ce dernier (système Tempéro-Rationnel) à l'instant t+1 est définie comme suit :

$$P_a^{t+1} = \delta P_{ratio}^{t+1} + (1 - \delta)^\beta P_{temp}^{t+1}$$

- P_a^{t+1} : la proposition du système Tempéro-Rationnel à t+1

- P_{temp}^{t+1} : la proposition du sous-système basé sur le tempérament

- P_{ratio}^{t+1} : la proposition du sous-système rationnel

- δ : le degré de rationalité de l'agent

- β : le degré d'influence des traits de caractère sur la proposition finale à soumettre (degré de collaboration).

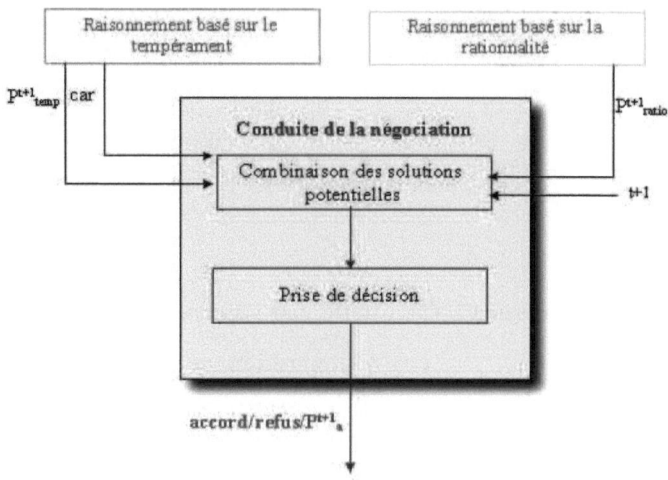

Figure 43: Processus de la Conduite de négociation

La Figure 43 présente le processus de la conduite de négociation qui fournit l'une des réponses de sorties possibles tels que accord/ refus/ ou P_a^{t+1}, selon les valeurs d'entrées P_{temp}^{t+1} et P_{ratio}^{t+1} en provenance respective du raisonnement basé sur le tempérament et du Raisonnement basée sur la rationalité de l'agent Tempéro-Rationnel.

L'objectif de ce processus est de garantir un compromis final dans un temps de négociation contrôlé entre deux négociateurs initialement en conflit.

Le processus est décrit par les phases suivantes:

– Combinaison des solutions potentielles : analyse et évaluation des issues des deux sous-systèmes du tempérament et de la rationalité

– Prise de décision : contre-proposition de l'agent (a)

127

- Comme illustré par la Figure 44, la combinaison des solutions potentielles passe par deux étapes:

- Evaluation de l'influence du tempérament de l'agent: évalue l'impact des traits de caractère sur la prise de décision. Cette étape fournit le degré d'influence β du trait de caractère dominant de l'agent sur sa prise de décision finale.

- Evaluation de l'influence de la rationalité: évalue l'impact de la rationalité de l'agent sur sa prise de décision. Cette étape fournit le degré de rationalité δ de l'agent dans sa prise de décision en fonction de son caractère et des objectifs à réaliser.

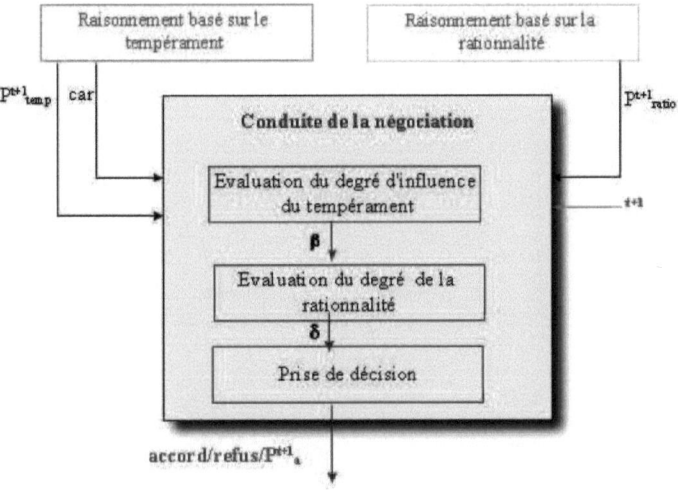

Figure 44: Les processus de la conduite de Négociation

Motivés par le critère approximatif de l'évaluation des degrés d'influence du tempérament et de la rationalité de l'agent négociateur, nous avons choisi de modéliser ces deux étapes d'évaluation par des systèmes flous de type Mamdani.

2.4 Evaluation de l'influence du tempérament

Le degré d'influence β désigne l'impact du tempérament de l'agent négociateur sur la prise décision. Elle dépend d'une part de la tendance de l'agent à collaborer ou concurrencer avec son rival et d'autre part du temps actuel de Négociation.

2.4.1. Modélisation floue du système d'évaluation floue du tempérament :

Le mécanisme d'inférence floue (présenté par la Figure 45) fournit la valeur numérique de β à partir des phases de Fuzzification et d'inférence des variables car et t.

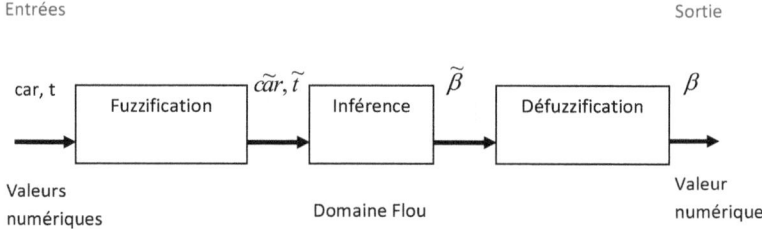

Figure 45: Modélisation floue de l'évaluation de l'influence du tempérament

129

Les variables floues de la Figure 46 ($\tilde{car}$, $\tilde{t}$, et $\tilde{\beta}$) sont dérivées de :

- car : le caractère dominant de l'agent en tant que conciliateur ou agressif

- t : le temps courant de la négociation,

- β : le facteur d'influence du trait de caractère sur la prise de décision finale.

a. Modélisation floue de la variable car

L'univers de discours de la variable car est représenté par quatre classes floues {très-agressif, agressif, conciliateur, très-conciliateur} présenté dans la Figure 46.

Les fonctions d'appartenances des classes floues sont définies comme suit:

- $\mu_{tagr}(car)$: fonction d'appartenance de la variable car à la classe très-agressif

$$\mu_{tagr}(car) =$$

$$\begin{cases} 1 & \text{si } car = 2 \ (\text{car est totalement très\_agressif}) \\ 0 & \text{si } car \geq 4 \ (\text{car est non très\_agressif}) \\ ]0\ 1[& \text{si } car \in]0\ 2[\cup]2\ 4[\ (\text{car est partiellement très\_agressif}) \end{cases}$$

- $\mu_{agr}(car)$: mesure le degré d'appartenance de la variable *car* à la classe agressif

$\mu_{agr}(car) =$
$$\begin{cases} 1 & \text{si car} = 4 \quad (\text{car est totalement agressif}) \\ 0 & \text{si} \quad \text{car} \geq 6 \quad (\text{car est non agressif}) \\ ]0\ 1[& \text{si car} \in]2\ 4[\cup]4\ 6[\quad (\text{car est partiellement agressif}) \end{cases}$$

- $\mu_{con}(car)$: mesure le degré d'appartenance de la variable *car* à la classe conciliateur

$\mu_{con}(car) =$
$$\begin{cases} 1 & \text{si car} = 6 \quad (\text{car est totalement conciliateur}) \\ 0 & \text{si} \quad \text{car} \geq 8 \quad (\text{car est non conciliateur}) \\ ]0\ 1[& \text{si car} \in]4\ 6[\cup]6\ 8[\quad (\text{car est partiellement conciliateur}) \end{cases}$$

- $\mu_{tcon}(car)$: mesure le degré d'appartenance de la variable *car* à la classe très-conciliateur

$\mu_{tcon}(car) =$
$$\begin{cases} 1 & \text{si car} = 8 \quad (\text{car est totalement très\_conciliateur}) \\ 0 & \text{si} \quad \text{car} \geq 10 \quad (\text{car est non très\_conciliateur}) \\ ]0\ 1[& \text{si car} \in]6\ 8[\cup]8\ 10[\quad (\text{car est partiellement très\_conciliateur}) \end{cases}$$

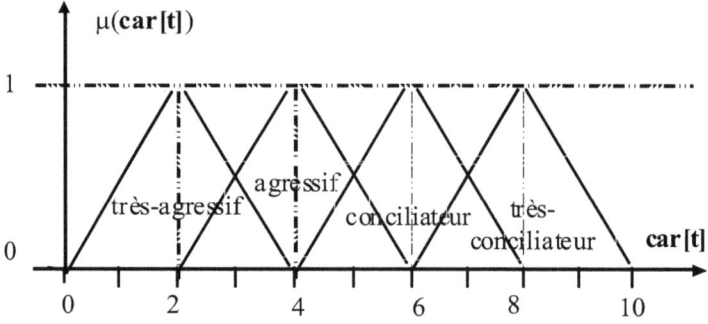

Figure 46: Modélisation floue (Fuzzification) de la variable car

b. Modélisation floue de la variable t

Le temps (t), présente un facteur d'influence sur la prise de décision au cours du processus de négociation. L'agent (a) devient :

- Collaboratif si t est proche de 0 ($t \cong 0$)

- Moyennement collaboratif si t est proche de 0.5 ($t \cong 0.5$)

- Compétitif si t est proche de 1 ($t \cong 1$)

Ainsi t est attribué à trois classes floues {favorable, critique, défavorable} présentées dans la Figure 47, selon les fonctions d'appartenances suivantes :

- $\mu_f(t)$: Fonction d'appartenance de la variable t à la classe favorable.

$$\mu_f(t) = \begin{cases} 1 & si \ t \in [0 \ 0.5] \ (t \ est \ totalement \ favorable) \\ 0 & si \ t \in [0.7 \ 1] \ (t \ est \ non \ favorable) \\ ]0 \ 1[& si \ t \in [0.5 \ 0.7] \ (t \ est \ partiellement \ favorable) \end{cases}$$

- $\mu_c(t)$: Fonction d'appartenance de la variable t à la classe critique.

$$\mu_c(t) = \begin{cases} 1 & si \ t \in [0.7 \ 0.8] \ (t \ est \ totalement \ critique) \\ 0 & si \ t \in [0 \ 0.5] \ (t \ est \ non \ critique) \\ ]0 \ 1[& si \ t \in [0.5 \ 0.7] \cup [0.8 \ 1] \ (t \ est \ partiellement \ critique) \end{cases}$$

- $\mu_d(t)$: Fonction d'appartenance de la variable t à la classe défavorable.

$$\mu_d(t) =$$
$$\begin{cases} 1 & si\ t \geq 1 \ (\ t\ est\ \text{totalement}\ d\acute{e}favorable) \\ 0 & si\ \ t \in [0\ 0.8] \ (\ t\ est\ non\ d\acute{e}favorable) \\ ]0\ 1[& si\ t \in [0.8\ 1] \ (\ t\ est\ partiellement\ d\acute{e}favorable) \end{cases}$$

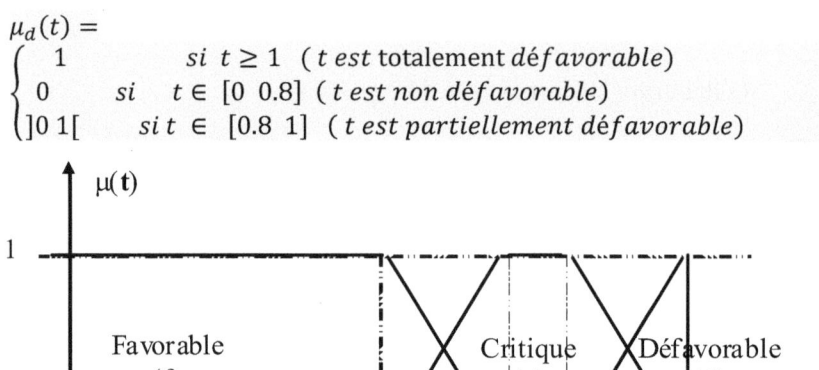

Figure 47: Modélisation floue de la variable t

c. Activation des règles d'inférences:

La variable floue de sortie $\tilde{\beta}$ est exprimée par :

$$\tilde{\beta} = \beta \ _{est}[\text{très\_petit}|\ petit|\ moyen|\ grand|\ \text{très\_grand}]$$

La syntaxe d'une entrée dans la base des règles est sous la forme :

SI car est [agressif | très_agressif | conciliateur |très_conciliateur] **ET** t est [favorable | critique | défavorable] **ALORS** β est [très_petit| petit| moyen|grand|très_grand]

133

> **Les règles de la base d'inférence:**

SI car est très_agressif ET t est favorable, ALORS β est très_petit

SI car est très_agressif ET t est critique, ALORS β est très_petit

SI car est agressif ET t est favorable, ALORS β est moyen

SI car est agressif ET t est critique, ALORS β est petit

SI car est conciliateur ET t est favorable, ALORS β est petit

SI car est conciliateur ET t est critique, ALORS β est très_petit

SI car est très_conciliateur ET t est favorable, ALORS β est petit

SI car est très_conciliateur ET t est critique, ALORS β est très_petit

d. Numérisation de la sortie floue $\tilde{\beta}$:

Le centre de gravité des fonctions d'appartenances floues de la variable de sortie $\tilde{\beta}$ est utilisé pour le processus de défuzzification (Figure 48) pour fournir la valeur numérique de β.

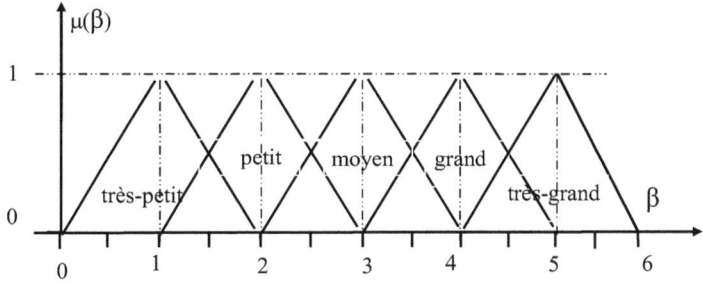

Figure 48: Numérisation de la variable β

2.5 Evaluation du degré de rationalité de l'agent:

Le degré de rationalité (δ) dénote le degré de collaboration de l'agent Tempéro-Rationnel afin d'arriver à un compromis satisfaisant les deux parties. Il est relativement dépendant du degré d'influence de la personnalité de l'agent (au sens du tempérament) ainsi que de sa proposition issue du sous-système basé sur la rationalité et du sous-système basé sur le tempérament. Le critère d'estimation du degré de rationalité est approximatif ce qui nous mène à modéliser cette phase d'évaluation par les techniques de la logique floue.

2.5.1. Modélisation floue de l'évaluation du degré de rationalité

Comme présenté par la Figure 49, le degré de rationalité δ, est la conclusion des règles d'inférences appliquées aux variables d'entrées P_{ratio}^{t}, P_{temp}^{t} et β.

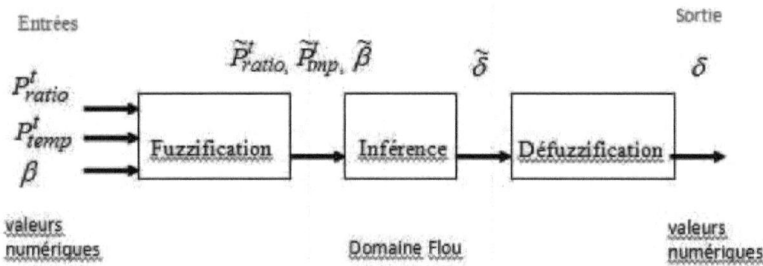

Figure 49: Modélisation floue de l'évaluation du degré de rationalité de l'agent

135

- P^t_{ratio} : Proposition rationnelle

- P^t_{temp} : Proposition basée sur le tempérament

- β : facteur d'influence du tempérament

- δ : degré de rationalité

- $\breve{P}^t_{ratio}$, $\breve{P}^t_{temp}$, $\tilde{\beta}$, et $\tilde{\delta}$ sont les variables floues de $P^t_{ratio}, P^t_{temp}, \beta,$ et de δ.

a. Modélisation floue de la variable P^t_{ratio}

En la comparant à la valeur réservée limite (P^r_a) de l'agent Tempéro-Rationnel, la variable P^t_{ratio} peut être qualifiée de petite, moyenne, grande, ou très grande.

Les degrés d'appartenance de la variable normalisée P^t_{ratio} ($P^t_{ratio} \in [0 \quad 1]$) aux classes {petit, moyen grand, très-grand, présentées dans la Figure 50 sont définis par les fonctions suivantes :

- $\mu_p(P^t_{ratio})$: Fonction d'appartenance de la variable P^t_{ratio} à la classe petit

$$
\mu_p(P^t_{ratio}) =
\begin{cases}
1 & si \ P^t_{ratio} \in [0.1 \ 0.2] \ (P^t_{ratio} \ est \ totalement \ petit) \\
0 & si \ P^t_{ratio} \in [0.3 \ 1] \ (P^t_{ratio} \ est \ non \ petit) \\
]0 \ 1[& si \ P^t_{ratio} \in \ ]0 \ 0.1[\ \cup \ ]0.2 \ 0.3[\ (P^t_{ratio} \ est \ partiellement \ petit)
\end{cases}
$$

136

- $\mu_m(P_{ratio}^t)$: Fonction d'appartenance de la variable P_{ratio}^t à la classe moyen

$$\mu_m(P_{ratio}^t) = \begin{cases} 1 & si \ P_{ratio}^t \in [0.3 \ 0.5] \ (P_{ratio}^t \ est \ totalement \ \text{moyen}) \\ 0 & si \ P_{ratio}^t \in [0 \ 0.2] \cup [0.6 \ 1] \ (P_{ratio}^t \ est \ non \ \text{moyen}) \\ ]0 \ 1[& si \ P_{ratio}^t \in]0.2 \ 0.3[\cup]0.5 \ 0.6[\ (P_{ratio}^t \ est \ partiellement \ \text{moyen}) \end{cases}$$

- $\mu_g(P_{ratio}^t)$: Fonction d'appartenance de la variable P_{ratio}^t à la classe grand

$$\mu_g(P_{ratio}^t) = \begin{cases} 1 & si \ P_{ratio}^t \in [0.6 \ 0.7] \ (P_{ratio}^t \ est \ totalement \ \text{grand}) \\ 0 & si \ P_{ratio}^t \in [0 \ 0.5] \cup [0.8 \ 1] \ (P_{ratio}^t \ est \ non \ \text{grand}) \\ ]0 \ 1[& si \ P_{ratio}^t \in]0.5 \ 0.6[\cup]0.7 \ 0.8[(P_{ratio}^t \ est \ partiellement \ \text{grand}) \end{cases}$$

- $\mu_{tg}(P_{ratio}^t)$: Fonction d'appartenance de la variable P_{ratio}^t à la classe très-grand

$$\mu_{tg}(P_{ratio}^t) = \begin{cases} 1 & si \ P_{ratio}^t \in [0.8 \ 1] \ (P_{ratio}^t \ est \ totalement \ très\_\text{grand}) \\ 0 & si \ P_{ratio}^t \in [0 \ 0.7] \ (P_{ratio}^t \ est \ non \ très\_\text{grand}) \\ ]0 \ 1[& si \ P_{ratio}^t \in]0.7 \ 0.8[\ (P_{ratio}^t \ est \ partiellement \ très\_\text{grand}) \end{cases}$$

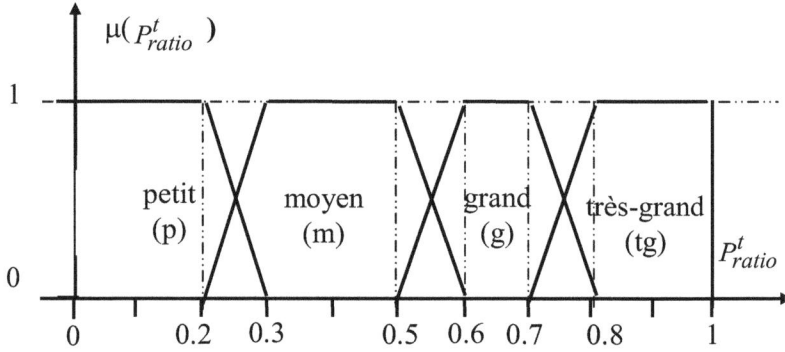

Figure 50 : Numérisation de la variable P_{ratio}^t

En la comparant à la valeur réservée limite (P_a^r) de l'agent Tempéro-Rationnel, la variable P_{temp}^t peut être qualifiée de petite, moyenne, grande, ou très grande.

Les degrés d'appartenances de la variable normalisée P_{temp}^t ($P_{temp}^t \in [0\ 1]$) aux classes {petit, moyen grand, très-grand}, présentées dans la Figure 51, sont définis par les fonctions suivantes :

- $\mu_p(P_{temp}^t)$: Fonction d'appartenance de la variable P_{temp}^t à la classe petit

$$\mu_p(P_{temp}^t) =$$
$$\begin{cases} 1 & si \ P_{temp}^t \in [0.1\ 0.2] \ (P_{temp}^t \ est\ totalement\ petit) \\ 0 & si \ P_{temp}^t \in [0.3\ 1] \ (P_{temp}^t \ est\ non\ petit) \\ ]0\ 1[& si \ P_{temp}^t \in \ ]0\ 0.1[\ \cup\ ]0.2\ 0.3[\ (P_{temp}^t \ est\ partiellement\ petit) \end{cases}$$

- $\mu_m(P_{temp}^t)$: Fonction d'appartenance de la variable P_{temp}^t à la classe moyen

$$\mu_m(P_{temp}^t) =$$
$$\begin{cases} 1 & si \ P_{temp}^t \in [0.3\ 0.5] \ (P_{temp}^t \ est\ totalement\ moyen) \\ 0 & si \ P_{temp}^t \in [0\ 0.2] \cup [0.6\ 1] \ (P_{temp}^t \ est\ non\ moyen) \\ ]0\ 1[& si \ P_{temp}^t \in \ ]0.2\ 0.3[\ \cup\ ]0.5\ 0.6[\ (P_{temp}^t \ est\ partiellement\ moyen) \end{cases}$$

- $\mu_g(P_{temp}^t)$: Fonction d'appartenance de la variable P_{temp}^t à la classe grand

$$\mu_g(P_{\text{temp}}^t) =$$
$$\begin{cases} 1 & si \ P_{temp}^t \in [0.6 \ 0.7] \ (P_{temp}^t \ est \ totalement \ grand) \\ 0 & si \ P_{temp}^t \in [0 \ 0.5] \cup [0.8 \ 1] \ (P_{temp}^t \ est \ non \ grand) \\ ]0 \ 1[& si \ P_{temp}^t \in]0.5 \ 0.6[\cup]0.7 \ 0.8[(P_{temp}^t \ est \ partiellement \ grand) \end{cases}$$

- $\mu_{tg}(P_{temp}^t)$: Fonction d'appartenance de la variable P_{temp}^t à la classe très-grand

$$\mu_{tg}(P_{\text{temp}}^t) =$$
$$\begin{cases} 1 & si \ P_{temp}^t \in [0.8 \ 1] \ (P_{temp}^t \ est \ totalement \ très\_grand) \\ 0 & si \ P_{temp}^t \in [0 \ 0.7] \ (P_{temp}^t \ est \ non \ très\_grand) \\ ]0 \ 1[& si \ P_{temp}^t \in]0.7 \ 0.8[\ (P_{temp}^t \ est \ partiellement \ très\_grand) \end{cases}$$

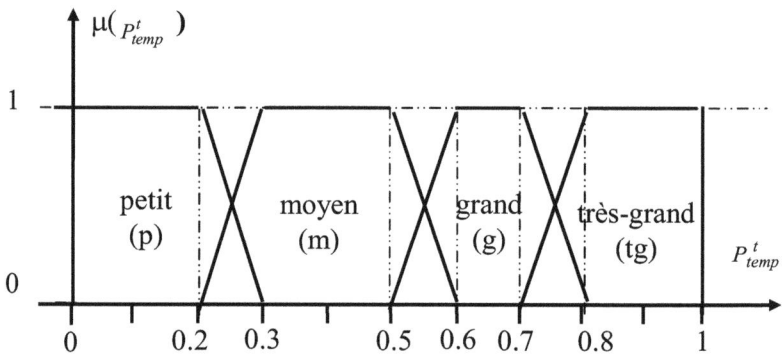

Figure 51 : Numérisation de la variable $\mathbf{P_{temp}^t}$

c. Modélisation floue de la variable β

Le degré d'influence β peut être classé comme très-petit, petit, moyen, grand, et très grand, comme illustré dans la Figure 48: **Numérisation de la variable β**, selon les fonctions d'appartenance suivantes :

- $\mu_{tp}(\beta)$: Fonction d'appartenance de la variable β à la classe très-petit

$$\mu_{tp}(\beta) = \begin{cases} 1 & \text{si } \beta = 1 \quad (\beta \text{ est totalement très\_petit}) \\ 0 & \text{si } \beta \geq 2 \quad (\beta \text{ est non très\_petit}) \\ ]0\ 1[& \text{si } car \in]0\ 1[\cup]1\ 2[\quad (\beta \text{ est partiellement très\_petit}) \end{cases}$$

- $\mu_{p}(\beta)$: Fonction d'appartenance de la variable β à la classe petit

$$\mu_{p}(\beta) = \begin{cases} 1 & \text{si } \beta = 2 \quad (\beta \text{ est totalement petit}) \\ 0 & \text{si } \beta \geq 3 \quad (\beta \text{ est non petit}) \\ ]0\ 1[& \text{si } car \in]1\ 2[\cup]2\ 3[\quad (\beta \text{ est partiellement petit}) \end{cases}$$

- $\mu_{m}(\beta)$: Fonction d'appartenance de la variable β à la classe moyen

$$\mu_{m}(\beta) = \begin{cases} 1 & \text{si } \beta = 3 \quad (\beta \text{ est totalement moyen}) \\ 0 & \text{si } \beta \geq 4 \quad (\beta \text{ est non moyen}) \\ ]0\ 1[& \text{si } car \in]2\ 3[\cup]3\ 4[\quad (\beta \text{ est partiellement moyen}) \end{cases}$$

- $\mu_{g}(\beta)$: Fonction d'appartenance de la variable β à la classe grand

$$\mu_{g}(\beta) = \begin{cases} 1 & \text{si } \beta = 4 \quad (\beta \text{ est totalement grand}) \\ 0 & \text{si } \beta \geq 5 \quad (\beta \text{ est non grand}) \\ ]0\ 1[& \text{si } car \in]3\ 4[\cup]4\ 5[\quad (\beta \text{ est partiellement grand}) \end{cases}$$

– $\mu_{tg}(\beta)$ fonction d'appartenance de la variable β à la classe très-grand

$\mu_{tg}(\beta) =$
$$\begin{cases} 1 & \text{si } \beta = 5 \quad (\beta \text{ est totalement très\_grand}) \\ 0 & \text{si } \quad \beta \geq 6 \quad (\beta \text{ est non très\_grand}) \\ ]0\ 1[& \text{si } \beta \in]4\ 5[\cup]5\ 6[\quad (\beta \text{ est partiellement très\_grand}) \end{cases}$$

d. Activation des règles d'inférences:

La variable floue de sortie $\widetilde{\partial}$ est exprimée par :

$$\widetilde{\delta} = \delta \ _{est}\left[\text{très\_petit}|\ \text{petit}|\ \text{moyen}|\ \text{grand}|\ \text{très\_grand}\right]$$

➤ **La syntaxe d'une entrée dans la base des règles est sous la forme :**

SI P_{ratio}^{t} est [petit | moyen | grand |très_grand] **ET** P_{temp}^{t} est [petit | moyen | grand |très_grand] **ET** β est [très_petit| petit| moyen|grand| très_grand] **ALORS** δ est [très_petit| petit| moyen|grand|très_grand]

➤ **Quelques règles de la base d'inférence (voir la suite dans l'annexe 6) :**

SI P_{ratio}^{t} est petit **ET** P_{temp}^{t} est petit **ET** β est très-petit **ALORS** δ est très-petit

SI P_{ratio}^{t} est moyen **ET** P_{temp}^{t} est grand **ET** β est très-petit **ALORS** δ est petit

SI P_{ratio}^{t} est moyen **ET** P_{temp}^{t} est très-grand **ET** β est très-petit **ALORS** δ est moyen

SI P^t_{ratio} est petit ET P^t_{temp} est petit ET β est moyen ALORS δ est moyen

SI P^t_{ratio} est petit ET P^t_{temp} est petit ET β est grand ALORS δ est grand

SI P^t_{ratio} est petit ET P^t_{temp} est petit ET β est très-grand ALORS δ est très-grand

SI P^t_{ratio} est petit ET P^t_{temp} est moyen ET β est petit ALORS δ est petit

SI P^t_{ratio} est petit ET P^t_{temp} est moyen ET β est moyen ALORS δ est moyen

SI P^t_{ratio} est petit ET P^t_{temp} est moyen ET β est grand ALORS δ est grand

SI P^t_{ratio} est petit ET P^t_{temp} est moyen ET β est très-grand ALORS δ est très-grand

...

e. Numérisation de la sortie floue $\tilde{\delta}$:

Le centre de gravité des fonctions d'appartenance floues de la variable de sortie $\tilde{\delta}$ est utilisé pour le processus de Défuzzification (présenté par la Figure 52) pour fournir la valeur numérique de δ.

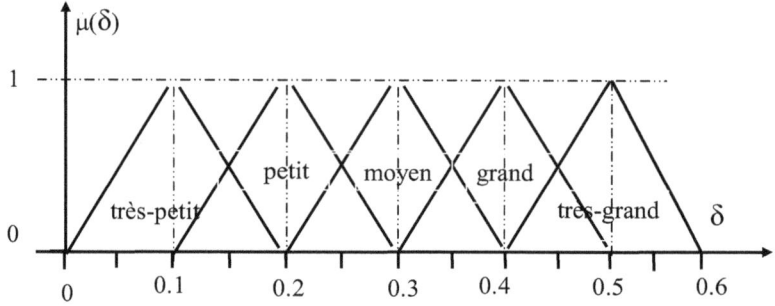

Figure 51: Numérisation de la variable δ

3. Evaluation ET Validation de l'approche Tempéro-Rationnelle

Afin d'évaluer et de valider la combinaison de l'approche basée sur la Rationalité et de l'approche floue basée sur le tempérament (Tempéro-Rationnel), nous avons réalisé des expériences mettant en relief des tests de performance du modèle Tempéro-Rationnel en se basant sur les mesures de gain (du prix), du temps, et de taux de réussite du processus de négociation. Les expériences menées portent sur une confrontation entre deux modèles : le modèle Tempéro-Rationnel et le modèle Dépendant du temps, en modifiant à chaque fois un trait de caractère tel que agressif, neutre, ou conciliateur d'un des deux modèles décrits ci-dessous.

3.1 Environnement et paramètres de négociation: La négociation du prix d'un bien entre un acheteur et un vendeur

Nous avons limité notre environnement à une négociation bilatérale entre un agent acheteur (a) de stratégie Tempéro-Rationnelle contre un agent vendeur (v) de stratégie dépendante du temps pour le prix d'un bien. Les deux agents sont définis comme suit :

➢ L'agent (a) est doté de :

⁻ Une base de connaissances,

⁻ Un ensemble de caractères,

⁻ Un ensemble de tactiques (dépendantes du temps) basées sur son tempérament

⁻ Un ensemble de tactiques (cherchant un compromis) basée sur sa rationalité

⁻ Une capacité d'auto-adaptation à l'environnement,

➢ L'agent (v) est caractérisé par:

⁻ Une base de connaissances,

⁻ Un ensemble de caractères,

⁻ Un ensemble de tactiques (dépendantes du tempérament et du temps) de prise de décisions (pour la génération d'offres).

3.2 Mesures d'Evaluation

Le problème de la négociation est présenté sous la forme d'un jeu stratégique défini par le triplé $< A, P, U >$ où :

- A : L'ensemble de joueurs, $A = \{a, v\}$ (a : acheteur, v : vendeur)

- P : L'ensemble de stratégies des deux joueurs tels que :

- $P = \{\{P_v^{t_0}, P_v^{t_0+2}, P_v^{t_0+4},.., P_v^{T_{mv}}\}, \{P_a^{t_0+1}, P_a^{t_0+3}, P_a^{t_0+5},.., P_a^{T_{ma}}\}\}$

  $P_v^{t_0}$: Proposition du vendeur v à l'instant t_0

- $P_a^{t_0+1}$: Proposition de l'acheteur a à l'instant $t_0 + 1$

- $P_v^{T_{mv}}$ et $P_a^{T_{ma}}$: Les dernières offres possibles de v et de a à T^{mv} et T^{ma} tel que $\max(T^{ma}, T^{mv}) <= \min(T_{\max}^a \ et \ T_{\max}^v)$; $T_{\max}^a$ et $T_{\max}^v$ sont respectivement les délais de négociation de l'acheteur a et du vendeur v.

- U : Fonction d'évaluation de gain à chaque proposition donnée :

- Evaluation du gain de l'acheteur suite à une proposition P:

- $U_a = (\max_a - P)/(\max_a - \min_a)$

- Evaluation du gain du vendeur suite à une proposition P:

$$U_v = (P - \min_v) / (\max_v - \min_v)$$

P est la dernière proposition issue d'un des deux joueurs (a) ou (v);

$$P = \left\{ P_v^t / P_a^t \right\}.$$

— Pacc : Pourcentage d'Accords dans une expérimentation réussie:

$$Pacc = \frac{nombre\ total\ des\ accords}{nombre\ total\ des\ cas\ de\ negociations}$$

— Ntr : Nombre de tours moyen pour atteindre un accord:

$$Ntr = \frac{somme\ des\ nombres\ de\ tours\ pour\ atteindre\ un\ accord}{nombre\ total\ des\ accords}$$

3.3 Protocole Expérimental

Afin d'évaluer les différentes tactiques proposées, en termes de gain d'utilité, du temps et du taux d'accord, dans les divers types de situations comportementales, nous avons réalisé un ensemble d'expérimentations de jeu de négociation entre des acheteurs (se comportant selon la stratégie Tempéro-Rationnelle) et des vendeurs (se comportant selon la stratégie dépendante du temps).

Le but de chaque expérimentation, est de confronter des acheteurs et des vendeurs de stratégies et de caractères différents et de déterminer leurs utilités moyennes résultantes, le pourcentage d'accord, et le taux de réussites des cas de négociation.

3.4 Les tactiques de négociation:

Deux classes de tactiques sont confrontées :

1) La classe de tactique Tempéro-Rationnelle définie par:

146

- $T_{\max}^a$: Temps maximal de négociation pour l'acheteur.

- $\min_a$: La valeur minimale limite du prix (réservée) que peut atteindre l'acheteur.

- $\max_a$: La valeur maximale du prix (désirée) proposée par l'acheteur. $\max_a = \min_a + \theta^a$

- θ^a : L'intervalle de négociation pour l'agent acheteur, $\theta^a = \max_a - \min_a$

- ∂ : Le degré d'intersection entre l'intervalle de négociation du vendeur et celui de l'acheteur, $\partial \in [0\ \ 0.99]$; $\partial \approx 0$ désigne un chevauchement total; $\partial \approx 0.99$ désigne un non-chevauchement entre les deux intervalles.

- c : la valeur du caractère conciliateur interne de l'acheteur, $c \in [0\ \ 10]$

- a : la valeur du caractère agressif interne de l'acheteur, $a \in [0\ \ 10]$

2) La classe de tactique dépendante du temps définie par:

$$P_v^t = \min_v + (1 - \alpha(t)) \left(\max_v - \min_v \right)$$

$\alpha(t)$ est une fonction dépendante du temps qui détermine la vitesse de concession d'une offre: $\alpha(t) = \left(\dfrac{t}{T_{\max}^v} \right)^{\frac{1}{\beta}}$

- T_{max}^v : Le temps maximal de négociation pour le vendeur

- min_v : La valeur minimale limite du prix (réservée) que peut atteindre le vendeur, $min_v = min_a + \theta^a$

- max_v : La valeur maximale du prix (désirée) proposée par le vendeur, $max_v = min_v + \theta^v$

- θ^v : L'intervalle de négociation pour l'agent vendeur, $\theta^v = max_v - min_v$

- ∂: Le degré d'intersection entre l'intervalle de négociation du vendeur et celui de l'acheteur, $\partial \in [0 \ \ 0.99]$; $\partial \approx 0$ désigne un chevauchement total ; $\partial \approx 0.99$ désigne un non-chevauchement.

- β: Le degré d'agressivité ou de concession de l'agent. Si $\beta < 1$ alors l'agent est agressif sinon si $\beta > 1$ alors il est conciliateur. [56] [57].

Le Tableau 3 présente les six classes de tactiques dépendantes de la variation des variables β, con et agr.

Classes	Noms	Intervalles
Dep. temps	Conciliateur (VC)	$\beta \in [0.1 \quad 0.2]$
Dep. temps	Neutre (VN)	$\beta = 1.0$
Dep. temps	Agressif (VA)	$\beta \in [20.0 \quad 40.0]$
Tempéro-Rationnel	Conciliateur (AC)	$c \in [0.0 \quad 4.0]$ $a \in [6.0 \quad 1.0]$
Tempéro-Rationnel	Neutre (AN)	$c = a = .0$
Tempéro-Rationnel	Agressif (AA)	$c \in [6.0 \quad 1.0]$ $a \in [0.0 \quad 4.0]$

Tableau 3: Les tactiques de négociation

3.5 Protocole de négociation :

- La prise de décisions s'effectue en une séquence de négociation bilatérale automatisée en tours.

- Chaque tour est composé d'une proposition et d'une contre-proposition.

- L'offre proposée par l'agent (a) à l'instant t est :

Refus si $t > T_{\max}^a$

Accord si $P_v^t \leq P_a^{t+1}$

Sinon contre-proposition P_a^{t+1}

149

- La contre proposition d'un agent (v) à l'instant $t+1$ suite à l'offre proposée par l'agent (a) à l'instant t est :

  - Refus si $t > T_{\max}^v$
  - Accord si $P_a^t \geq P_v^{t+1}$
  - Sinon contre-proposition P_v^{t+1}

3.6 Expériences

A fin d'expérimenter toutes les combinaisons possibles des tactiques de négociations nous avons réalisé trois cas contenant chacun neuf expériences définies comme suit:

1. **cas1:** $T_{\max}^a > T_{\max}^v \Rightarrow T_{\max} = T_{\max}^v$,

2. **cas2:** $T_{\max}^a = T_{\max}^v \Rightarrow T_{\max} = T_{\max}^v = T_{\max}^a$,

3. **cas3:** $T_{\max}^a < T_{\max}^v \Rightarrow T_{\max} = T_{\max}^a$.

Les neuf (09) expériences dans chaque cas de négociation sont:

- 1ère expérience : Acheteurs Agressifs (AA) /(contre) Vendeurs Agressifs (VA),

- 2ème expérience: Acheteurs Agressifs (AA) / Vendeurs Neutres (VN),

- 3ème expérience: Acheteurs neutres (AN) / Vendeurs Agressifs (VA),

- 4ème expérience: Acheteurs neutres (AN) / Vendeurs Neutres (VN),

- 5ème expérience: Acheteurs agressifs (AA) / Vendeurs Conciliateurs (VC),

- 6ème expérience: Acheteurs conciliateurs (AC) / Vendeurs Agressifs (VA),

- 7ème expérience: Acheteurs conciliateurs (AC) / Vendeurs Conciliateurs (VC),

- 8ème expérience: Acheteurs conciliateurs (AC) / Vendeurs Neutres (VN),

- 9ème expérience: Acheteurs neutres (AN) / Vendeurs Conciliateurs (VC).

3.7 Choix des paramètres de négociation

- Le choix du candidat qui débute la négociation est aléatoire.

- $\left\{T_{\max}^a, T_{\max}^v\right\} \in [20\ 100]$

- $\min_a = 10$

- $\theta^a \in [10\ 90]$

- $\theta^v \in [10\ 90]$

- $\partial = 0$

- $T_{\max}$ (délai de la négociation) = min $(T^v_{\max}, T^a_{\max})$: la valeur minimale entre $T^v_{\max}$ et $T^a_{\max}$

3.8 Expérimentation des négociations réussies et échouées

Dans les trois cas (cas1, cas2, et cas3) en tenant compte des négociations réussies et échouées, une étude comparative a été menée entre la stratégie Tempéro-Rationnel et la stratégie dépendante du temps, portant sur la moyenne des utilités moyennes des joueurs de tactiques différentes. Le but de cette étude est de déterminer la stratégie la plus gagnante.

1. cas1 : Expérimentations des utilités moyennes des négociateurs pour $T^a_{\max} > T^v_{\max}$

Dans ce premier cas, nous remarquons d'après la Figure 52, la prédominance totale des utilités moyennes des agents de stratégies Tempéro-Rationnelles en les comparants à celles des agents de stratégies dépendantes du temps (voir tableau 21 de l'annexe 5), sauf dans les 3 cas suivants :

¯ Acheteur agressif / (contre) Vendeur agressif (AA/VA)

¯ Acheteur neutre / (contre) Vendeur agressif (AN/VA)

¯ Acheteur conciliateur / (contre) Vendeur agressif (AC/VA)

Cette observation dénote qu'une prise décision d'un agent (a) Tempéro-Rationnel basé, d'une part, sur son caractère courant (conciliateur, neutre, ou agressif), et d'autre part, sur sa rationalité incite l'aboutissement à un compromis final avec l'adversaire tout en gardant une marge de gain souhaitée. Ce ci est contredit dans les cas où l'adversaire n'est pas collaboratif (agressif).

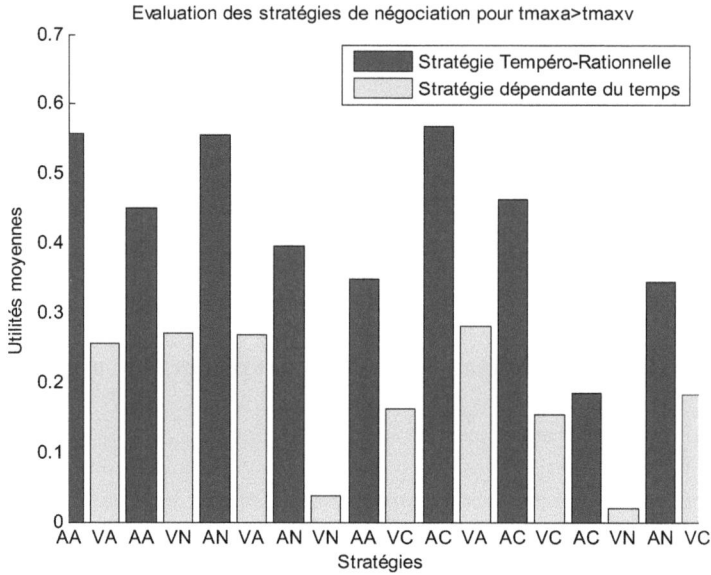

Figure 52: Utilités moyennes des joueurs en négociation pour
$$T_{\max}^{a} > T_{\max}^{v}$$

2. Cas2: Expérimentations des utilités moyennes des négociateurs pour $T_{\max}^{a} = T_{\max}^{v}$

Idem que le cas précédent, en égalisant les délais de négociation des deux stratégies, nous remarquons d'après la Figure 7 (Annexe 6) la supériorité des utilités des stratégies Tempéro-Rationnelles par rapport aux stratégies dépendantes du temps sauf dans les cas suivants :

– Acheteur agressif / (contre) Vendeur agressif (AA/VA)

153

- Acheteur neutre / (contre)Vendeur agressif (AN / VA)

- Acheteur conciliateur/ (contre) Vendeur agressif (AC / VA)

Le dernier résultat montre que la stratégie Tempéro-Rationnelle est une stratégie conquérante, quelque soit la tactique suivie, sauf dans les cas où la tactique adversaire est purement compétitive (agressive).

3. Cas3: Expérimentations des utilités moyennes des négociateurs pour $T^a_{max} < T^v_{max}$

D'après la Figure 71(Annexe 6) nous remarquons qu'un délai limité de négociation des agents de stratégie Tempéro-Rationnelle entraine une baisse globale des utilités moyennes de ces derniers, surtout dans les cas où les agents de stratégie dépendante du temps sont agressifs.

Ce résultat indique qu'un temps insuffisant de négociation d'un agent Tempéro-Rationnel entraine une baisse globale de chances d'accords avec son adversaire, quelque soient les tactiques suivies (sachant qu'un désaccord entraine une utilité nulle pour les deux parties).

3.9 Expérimentation des négociations réussies

Dans les trois cas (Cas1, Cas2, et Cas3) en tenant compte uniquement des négociations réussies, nous avons expérimenté les mesures des utilités moyennes des joueurs, des pourcentages des accords, et des nombres moyens de tours pour arriver à un accord.

Le but de cette expérimentation est de mettre en relief les gains des ressources financières et du temps qu'on peut atteindre dans les divers expériences ainsi que la garantie de réussite indépendamment des tactiques de négociations.

1. Cas1 : Expérimentations des utilités moyennes des négociateurs pour $T_{\max}^a > T_{\max}^v$

D'après la Figure 53 nous remarquons la prédominance des utilités moyennes de (a) par rapport à celles de (v), sauf dans les cas où (v) sont agressifs. Autrement dit, la stratégie Tempéro-Rationnelle favorise un aboutissement réussi du processus de négociation bilatéral avec des gains (de prix) supérieurs des agents (a) par rapport à leurs rivaux (v). Cette remarque est contredite dans les cas ou les agents (v) sont non coopératifs (agressifs).

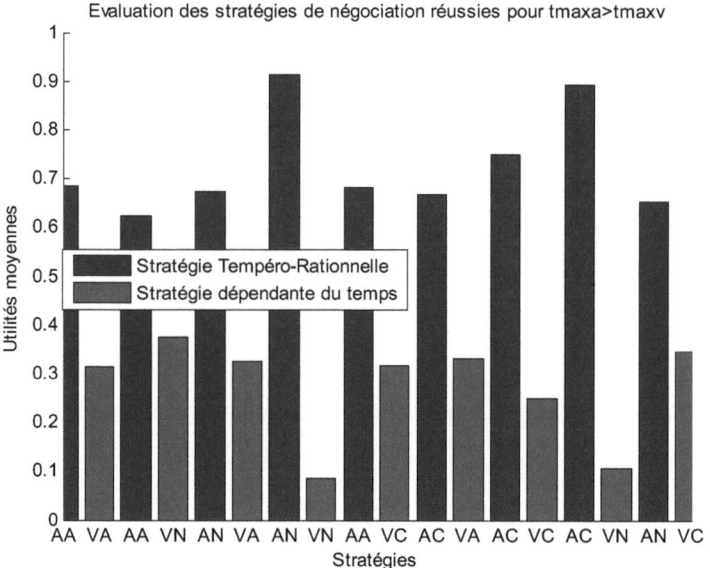

Figure 53: Utilités moyennes des joueurs en négociation réussies pour
$$T_{\max}^a > T_{\max}^v$$

réussie avec les différentes tactiques de négociation. Ainsi d'après la

155

Figure 54 nous observons que le pourcentage d'accord s'approche de 0.4, c.-à-d. que presque la moitié des cas de négociation sont réussis et ceci indépendamment des tempéraments des deux joueurs.

Ce résultat est interprété par l'influence de la rationalité de l'agent Tempéro-Rationnel à aboutir à un accord final, indépendamment des caractères psychiques (conciliateur, neutre, ou agressif) des deux joueurs.

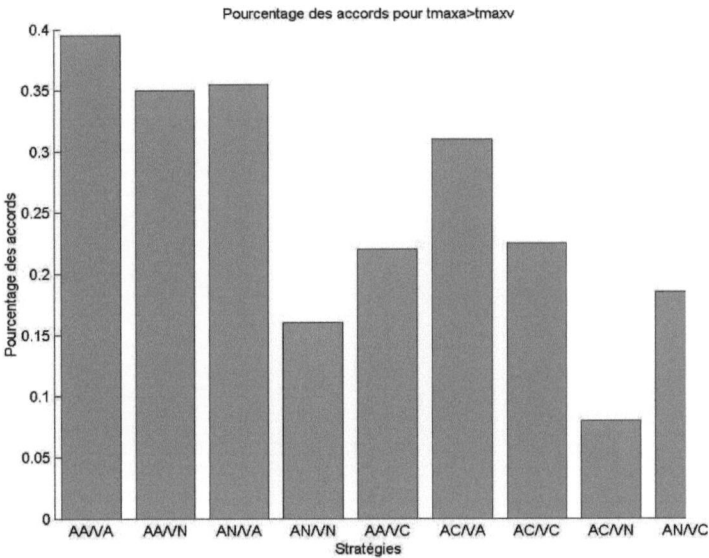

Figure 54: Pourcentage des accords pour $T_{\max}^a > T_{\max}^v$

➢ **Moyenne de nombre de tours**

Cette mesure permet de déterminer le temps mis en négociation afin d'arriver à un accord. La Figure 55 montre une baisse considérable du nombre de tours pour arriver à un accord dans les cas où l'un des deux

156

joueurs est conciliateur.

Ce résultat explique que le tempérament conciliateur d'un des deux joueurs aide à diminuer le temps de négociation, c.à.d. que les joueurs conciliateurs concèdent très rapidement vers un compromis avec leurs adversaires.

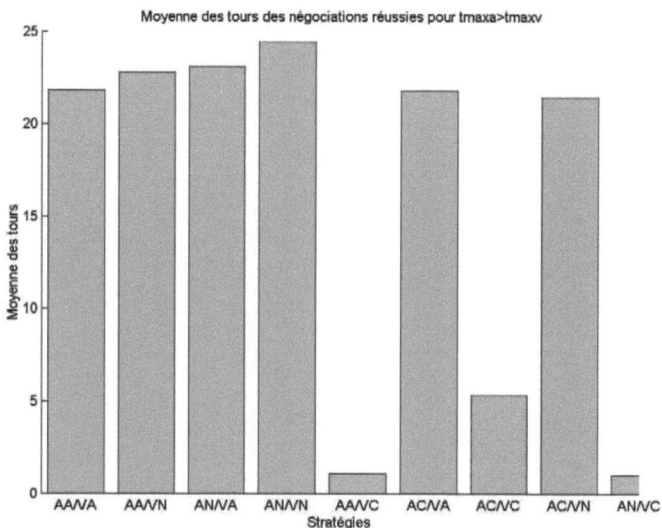

Figure 55: Nombre moyen de tours pour arriver à un accord pour
$$T_{\max}^{a} > T_{\max}^{v}$$

2. Cas2 : Expérimentations des utilités moyennes des négociateurs pour $T_{\max}^{a} = T_{\max}^{v}$

Idem que Cas1, en égalisant les délais de négociation des joueurs nous constatons, à partir de la Figure 72(Annexe 6), que les utilités moyennes des stratégies Tempéro-Rationnelles sont globalement supérieures à celles des stratégies dépendantes du temps, sauf dans les cas où les vendeurs sont de caractères agressifs.

Ce résultat montre que la stratégie Tempéro-Rationnelle aide à trouver un accord avec l'adversaire sauf si ce dernier est non coopératif (agressif).

> **Pourcentage d'accords**

D'après la Figure 73(Annexe 6) nous observons que le pourcentage d'accord est important dans les expériences où l'une des deux tactiques est conciliatrice.

Cette observation indique que le tempérament conciliateur d'un joueur favorise la concession vers la zone d'accord et l'acquisition d'un accord final avec son adversaire.

> **Moyenne de nombre de tours**

Nous remarquons, d'après la Figure 74(Annexe 6), que le nombre de tours pour arriver à un accord est assez faible variant entre un seul tour de négociation (7ème expérience) et 23 tours (4ème expérience : AN/VN).

Ce résultat met en relief, d'une part, l'influence du tempérament conciliateur sur la vitesse de concession du joueur vers la zone d'accord avec son adversaire ; et d'autre part l'implication de la stratégie Tempéro-Rationnelle dans la réduction le temps de négociation.

3. **Cas3 : Expérimentations des utilités moyennes des négociateurs pour $T_{\max}^a < T_{\max}^v$**

En diminuant les délais de négociation de la stratégie Tempéro-Rationnelle, nous remarquons d'après la Figure 75(Annexe 6) une baisse générale des

158

utilités moyennes de cette dernière, surtout dans les cas ou les tactiques dépendantes du temps sont de trait de caractère agressif.

Ce résultat montre qu'un temps réduit de négociation d'un agent de stratégie Tempéro-Rationnelle entraine un échec à atteindre la zone d'accord avec son adversaire de stratégie dépendante du temps (utilités nulles pour les deux joueurs) surtout dont le cas où ce dernier est de tactique agressif.

> **Pourcentage d'accord**

D'après la Figure 76(Annexe 6) une baisse globale des taux des accords surtout dans les expériences où l'une des tactiques est agressive.

Ce résultat est illustré par l'influence défavorable d'un délai réduit de négociation, de la stratégie Tempéro-Rationnelle, sur l'aboutissement d'un accord avec la stratégie dépendante du temps, surtout dans les cas où l'un des deux rivaux est de tactique agressive.

❖ **Remarque**

Le pourcentage d'accords augmente lorsque l'un des membres de négociation (acheteur/ vendeur) est conciliateur et il décroit lorsque au moins l'un d'eux est agressif.

En d'autres termes le tempérament des joueurs influence sur l'aboutissement à un accord final entre les deux joueurs:

‐ Si au moins l'un des deux joueurs est conciliateur alors le pourcentage d'accord est élevé.

- Sinon si au moins l'un d'eux est agressif alors le pourcentage d'accord est petit.

> **Moyenne du nombre de tours**

La Figure 77(Annexe 6) illustre que le nombre moyen de tours est généralement réduit si l'une des tactiques est conciliatrice mais ne dépassant pas les 19 tours. C'est à dire que la vitesse de concession vers la zone d'accord d'un agent négociateur conciliateur est rapide.

❖ **Remarque**

On remarque le nombre de tours pour arriver à un accord dépend du tempérament des joueurs en compétition, plus explicitement ce nombre est plus important si l'un des deux joueurs est agressif et plus faible si l'un d'eux est conciliateur. Mais ce nombre reste toujours raisonnable et ne dévoile pas une perte du temps de négociation.

Ce résultat peut être interprété par deux faits :

Le premier est basé sur l'influence de la stratégie Tempéro-Rationnelle dans l'aboutissement à un accord final entre les joueurs en compétition dans un délai de négociation raisonnable,

Le deuxième est basé sur l'influence du caractère (agressif ou conciliateur) d'un agent négociateur sur sa vitesse de concession vers la zone d'accord :

- Si l'agent est agressif alors sa vitesse de concession est lente et par conséquence le nombre de tours pour arriver à un accord est grand.

– Si l'agent est conciliateur alors sa vitesse de concession est rapide et par conséquence le nombre de tours pour arriver à un accord est petit.

4. Conclusion

L'objectif de ce chapitre est de modéliser un comportement complexe de négociation automatisée par un agent Tempéro-Rationnel dans sa prise de décision, faisant appel à deux approches complémentaires dont l'une est basée sur le tempérament et l'autre est d'aspect Rationnel :

L'approche tempéramentale est basée sur l'étude de la variation du caractère interne dominant de l'agent (suite à une entrée de données) et son impact dans la prise de décision au cours du processus de la négociation tout en assurant un gain exclusif.

L'approche rationnelle est basée sur un raisonnement objectif intelligent qui tente de trouver un compromis avec l'adversaire (en tenant compte de ses objectifs) dans la prise de décision. Cette approche considère le processus de négociation comme un jeu collaboratif entre deux (ou plusieurs) partenaires dont le but est d'aboutir à des gains réciproques « gagnant-gagnant ».

L'évaluation du modèle combiné est réalisée par une série d'expériences, portant sur la modélisation d'un processus de négociation bilatérale automatisée entre un acheteur Tempéro-Rationnel contre un vendeur de stratégie Dépendante du temps (56) .

L'évaluation empirique nous a permis de distinguer deux types d'expérimentations :

1) L'expérimentation des négociations réussies et échouées:

Cette expérimentation englobe toutes les expériences qui ont aboutit ou pas à un accord final entre les deux négociateurs.

Cette expérimentation dévoile la supériorité globale du gain, au sens des utilités moyennes, de la stratégie Tempéro-Rationnelle, par rapport à la stratégie dépendante du temps, sauf dans certains cas où le trait de caractère d'un des deux adversaires (dits non coopératifs) est agressif.

2) L'expérimentation des négociations réussies :

Cette deuxième expérimentation a permis d'évaluer les mesures de performance du processus de négociation bilatérale, en termes d'utilités moyennes, pourcentage d'accord, et de nombre de tours pour arriver à un accord, ainsi:

− Un gain optimisé du temps de négociation, en termes de nombre de tours pour arriver à un accord entre des deux adversaires, est examiné. Ce nombre peut se limiter à 2 tours de négociation quelque soit les délais de négociation des adversaires dans les cas où au moins l'un des deux rivaux en négociation est de trait de caractère conciliateur.

− Une amélioration générale des pourcentages d'accords est notée, en comparant les différents cas de négociation de la stratégie proposée (contre la stratégie dépendante du temps) avec les différents cas de négociation de la stratégie basée sur le tempérament proposé (contre la stratégie dépendante du temps).

Ces observations permettent de conclure que l'amélioration des critères de performances du processus de négociation (utilité moyenne, temps de négociation, et pourcentage d'accord) est due à la combinaison des deux approches basées respectivement sur:

Le tempérament (au sens de tempérament et de caractère interne de l'agent) qui apporte une utilité moyenne satisfaisant aux objectifs de l'agent

Et la rationalité qui apporte un gain du temps et un pourcentage d'accord considérables.

Ainsi l'approche Tempéro-Rationnelle a bien combattu l'approche classique de négociation Dépendante du Temps (56) en terme de gain (de prix), du gain temps de négociation, et d'amélioration du pourcentage d'accord.

Chapitre 6: Conclusion

Les concepts et des modèles décrits dans le présent ouvrage se placent dans le cadre de la modélisation des stratégies de négociation. L'objectif était de fournir au lecteur une palette de méthodes permettant de modéliser un processus de négociation en appréhendant des mécanismes ouvrant le chemin vers une automatisation de ce processus complexe. Des principales stratégies génériques permettant de cerner trois aspects centraux nécessaires pour l'automatisation d'un processus de négociation bilatérale ont été abordés : aspect temporel, aspect rationnel et aspect tempéramental.

Dans cette perspective où deux agents autonomes d'intérêts conflictuels cherchent à trouver des solutions garantissant leurs objectifs de conception, des techniques intelligentes de prise de décision sont mises en place. Ces techniques présentent des outils d'analyse des décisions efficaces favorisant la création d'un espace d'entente potentiel entre les deux parties.

Les travaux existants portent sur la création des agents autonomes dans un espace « cybermarché » dont la mission est de cibler les sites web marchands où se trouvent les produits les moins chers (pour des agents acheteurs) pour les acquérir au moindre prix. (59)

Citons par exemple le projet Kasbah (60), où des utilisateurs créent des agents pour négocier la vente et l'achat de biens pour leur comptes sur Internet tout en spécifiant les prix désirés et les délais de négociation souhaités. L'accord final sur la transaction physique n'est établit que si ces critères sont satisfaits. Bien que ces travaux aient trouvé des succès au sens de réalisation des gains souhaités, ils n'ont pas échappé au problème de rupture de l'espace d'entente entre les deux parties égocentriques et au non aboutissement à un accord final

D'autres travaux comme ceux de Binmore (61) supposent la rationalité des acteurs dans leurs prises de décisions par l'identification des solutions équitables pour les deux parties, situations où aucune partie ne peut améliorer sa position sans détériorer celle de l'autre (gagnant/perdant). L'inconvénient de ces travaux, bien qu'ils garantissent un accord final, est qu'ils ne favorisent pas un gain final souhaitable.

L'objectif des travaux de cet ouvrage porte sur l'amélioration des critères de performance du processus de négociation au sens du gain final réalisé, du temps dépensé en négociation, et du taux d'accord.

Il s'agit de modéliser et de simuler des comportements complexes, inspirés de ceux de l'être humain, d'un agent autonome survenant lors d'un processus de négociation automatisée. L'approche fait appel aux techniques de l'intelligence artificielle impliquant la logique floue et le système d'agents, ainsi que les techniques de prise de décisions et de la théorie des jeux apportant des solutions aux problèmes de stratégie, de coopération, et de compétition.

Ces comportements sont nés à partir d'une architecture hybride intégrant un ensemble de systèmes d'aide à la décision interactifs fondés sur trois approches indépendantes complémentaires portant des solutions distinctes au processus de négociation automatisée:

- L'approche basée sur le tempérament de l'agent : elle étudie l'impact de l'évolution des traits de caractère de l'agent en tant que conciliateur, neutre, ou agressif sur sa prise de décision. Elle tient en compte les intérêts personnels de l'agent, tel que maximiser les fonctions des gains, indépendamment de l'adversaire. Afin d'apporter une solution au problème de mesure des valeurs inexactes des caractères internes de l'agent ainsi que de son comportement au cours du processus de négociation nous avons choisi de mettre en œuvre des approches d'évaluation basées sur la logique floue.

L'étude empirique entre des stratégies tempéramentales contre des stratégies dépendantes du temps (Faratin) ont montré une supériorité globale des gains de la présente approche mais en contre partie un taux d'échec des processus de négociation assez élevés.

—   L'approche basée sur la Rationalité: elle est fondée sur le principe du partage des gains d'une manière équitable entre les deux parties afin de garantir un accord réciproque « gagnant-gagnant ». Elle tient compte des intérêts de l'adversaire à chaque prise de décision, afin d'assurer un accord final entre les deux parties. Pour trouver une solution au problème de rupture d'entente entre les deux rivaux nous avons opté la théorie des jeux. Cette technique nous a permis de dévoiler l'ensemble de solutions faisables satisfaisant les préférences des adversaires.   Dans cette perspective, le processus de négociation est modélisé comme un ensemble consécutif de sous-jeux dont le nœud racine est une prise de décision d'une proposition (ou une contre-proposition). L'avantage de cette subdivision est d'avoir une information complète sur la dernière offre de l'adversaire, autrement dit de ses préférences, à chaque nœud de prise de décision. Ainsi nous avons cherché à l'intérieur de chaque sous-jeu la prochaine offre d'équilibre de l'agent rationnel qui satisfait les objectifs réciproques des deux joueurs en nous basant sur la théorie de Nash.

- Une étude empirique entre des stratégies rationnelles en négociation contre des stratégies dépendantes du temps a montré une réussite totale des cas de négociations et un temps minimal de négociation mais en contre partie un gain sous-estimé de l'agent rationnel par rapport à l'agent de stratégie dépendante du temps.

- L'approche de combinaison, basée sur les deux approches précédentes, dite Tempéro-Rationnelle : elle combine les issues de l'approche basée sur la rationalité et celle basée sur le tempérament. L'objectif de l'approche Tempéro-Rationnelle est de conduire un processus réussi de négociation compétitive garantissant un gain mutuel avec l'adversaire. Aux termes de critères de performance du processus de négociation, cette approche veille à maximiser les utilités des joueurs, minimiser le temps de négociation et augmenter le taux de réussite des cas de négociation. Afin d'évaluer l'apport de cette approche sur la prise de décision finale nous avons utilisé la technique de la logique floue dont le rôle était de contrôler la fusion des deux sorties issues respectivement des systèmes de raisonnement rationnel et tempéramental.

Une étude empirique entre des stratégies Tempéro-Rationnelles en négociation contre des stratégies dépendantes du temps a montré une supériorité des gains des agents Tempéro-Rationnels par rapport aux agents de stratégies dépendantes du temps, un temps moyen de négociation (ne dépassant pas le 26 tours de offre/contre-offre), et un taux de réussite autour de 35% de la totalité des cas de négociations. L'approche Tempéro-Rationnelle a permis de créer un système complexe de négociation puissant combattant un système classique dépendant du temps (62).

Ainsi la combinaison de ces trois approches, cœur de l' apport scientifique de cet ouvrage, a permis de réaliser un modèle générique d'un agent négociateur doté d'une faculté d'adaptation à la fois tempéramentale et rationnelle.

Les principaux avantages du modèle proposé sont l'habilité d'adaptation aux changements de l'enivrement par une mutation flexible du comportement (coopératif, neutre ou agressif), la prédiction des stratégies de l'adversaire afin de créer un intervalle d'entente avec celui-ci, et l'automatisation de génération d'offres et de contre-offres selon la situation rencontrée.

Les modèles et les idées proposés dans cet ouvrage ouvrent des perspectives innovantes en ce qui concerne le concept de la négociation automatisée à base d'agents autonomes. Les avancées récentes de l'intelligence artificielle cognitive, inspirée des mécanismes cognitifs du vivant, laissent entrevoir le potentiel applicatif de ce concept notamment en ce qui concerne la conception et l'implantation des architectures innovantes de systèmes multi-agents négociant, dans un contexte dynamique, interactif et évolutif avec des objectifs multi-attributs. C'est la raison pour laquelle nous sommes confiants sur l'avenir de ce domaine relativement jeune mais très actif et sur ses applications potentielles.

ANNEXES

Annexe 1. Modélisation de l'agent intelligent pour le processus de la négociation automatisée

1. Introduction:

La négociation automatisée est basé sur le concept d'interactions dynamiques entre des entités intelligentes distantes afin d'arriver à un compromis final satisfaisant leurs buts et préférences de conception.

Ces agents égocentrés et compétitifs, dits agents négociateurs, doivent coordonner leurs actions et rechercher dynamiquement des solutions de résolution des conflits entre eux.

Cette annexe présente une esquisse sur les définitions, les principaux types ainsi que les domaines d'applications de l'agent intelligent négociateur.

2. L'agent intelligent:

Depuis plus de quatre décennies, des chercheurs en intelligence artificielle ont entrepris la conception d'entités capables de raisonner d'une manière autonome et intelligente (63).. Le but initial est de remplacer et d'assister l'homme à réaliser ses tâches usuelles d'une manière automatisée à travers un processus d'apprentissage. Par exemple Eliza (64), est un agent intelligent de conversation conçu en 1966 par le professeur J. Weizenbaum (au Massachusetts Institute of Technology) dont le rôle est d'étudier le langage naturel de communication entre l'homme et la machine.

Plusieurs définitions d'un agent intelligent ont été proposées :

- Shoham (65) définit un agent intelligent comme une entité logicielle qui fonctionne continuellement et de manière autonome afin d'accomplir des activités de façon flexible et intelligente.

- Jennings (66) définit un agent intelligent comme une entité autonome connectée à son environnement par ses perceptions et ses actions. Cette entité est capable d'apprendre et d'enrichir ses connaissances à partir de son expérience afin d'adapter son comportement avec les changements extérieurs.

- Ferber (67) spécifie qu'un agent intelligent orienté objectif est défini comme un centre de décision autonome dont l'existence est comparable à celle d'un être vivant. Pour répondre aux exigences d'une telle approche, ce type d'agent est doté d'une base de connaissances, d'émotions et d'une capacité de raisonnement.

D'une manière générale, les agents intelligents représentent une famille relativement large d'applications logicielles présentes dans les ordinateurs et les réseaux afin d'assister les utilisateurs dans la réalisation de certaines tâches à distance.

Usuellement ils sont servis pour faciliter la collecte d'information repartie et pour prendre des décisions au cours des processus de négociation entre des consommateurs et des vendeurs distants. Ils jouent un rôle particulier pour l'analyse et le filtrage d'informations commerciales: évaluation des opportunités du marché, évaluation du bien à négocier, évaluation de différentes offres commerciales, etc.

3. L'agent intelligent négociateur:

Les agents intelligents négociateurs ont été développés pour étudier l'automatisation des achats et des ventes des produits distants à partir des lieux différents. Chaque agent (consommateur/fournisseur), motivé par le but à accomplir, reçoit des messages des autres agents, interprète le contenu et fournit une réaction adéquate en se référant à ses croyances et ses intentions.

Généralement l'agent négociateur peut être réactif, proactive, cognitif ou social d'après son rôle dans son environnement (68) (69):

3.1. L'agent réactif

L'agent réactif agit en fonction de son environnement en s'adaptant dynamiquement à ses changements.

Il reçoit des perceptions de son environnement par le biais de ses senseurs (physiques ou logiciels) et agit en retour sur son environnement par le biais de ses effecteurs). Son comportement est basé sur les stimuli-réponses (voir

Figure 56).

Figure 56: Présentation de l'agent réactif

173

3.2. L'agent proactif

L'agent proactif est caractérisé par un comportement orienté objectif visant la réalisation de ses buts de conception.

Etant donné un but et des actions possibles permises, il est capable de déterminer quelles actions il convient de faire pour atteindre son but.

3.3. L'agent cognitif

Caractérisé par un comportement "réfléchi ", c'est-à-dire résultant d'un choix parmi un ensemble d'actions possibles, ce choix étant le résultat d'un raisonnement et d'une prise de décision.

Etant donné un but et un état, un agent cognitif (voir Figure 57) exécute une séquence planifiée d'actions, à partir de sa perception de son environnement, conduisant à la réalisation d'un objectif spécifié au départ (70).

Ce type d'agent a l'aptitude de raisonner dans un environnement dynamique, de mémoriser et d'analyser les différents états, de prédire des réactions possibles à ses exploits, et d'apprendre le comportement future.

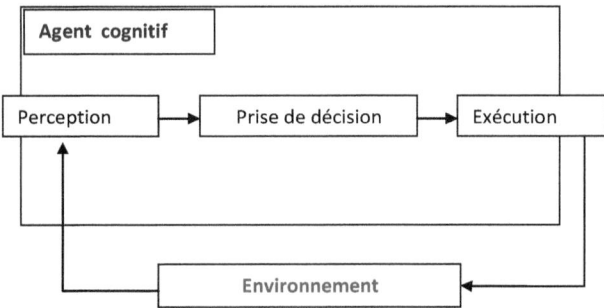

Figure 57: Modélisation de l'agent cognitif

174

intègre une fonction de « Prise de Décision » entre sa « Perception » des stimuli de son l'environnement et l' « Exécution » des réactions correspondantes, afin de choisir l'action la plus appropriée.

L'agent cognitif est essentiellement composé de:

- Une base de connaissances (ensemble de données et de règles du monde réel),

- Un ensemble de Croyances, Désires et Intention (CDI),

- Un ensemble de mécanismes de raisonnement, d'apprentissage et de stratégies de décision.

La base des connaissances est assimilé à une base des règles d'un système expert qui renferme des données (exprimées en langage naturel) et des règles reflétant des comportements possibles dans des situations diverses.

Cette approche est fondée sur des données valables et complètes, une rationalité parfaite de l'agent (choix des règles les plus adéquates aux situations traitées), et une indépendance entre les différentes règles de la base des connaissances.

3.4. L'agent cognitif social

L'agent cognitif met à jour ses connaissances à partir de son interaction avec les autres agents, il a besoin des protocoles de communication et un comportement dynamique à différentes attitudes des autres agents en interaction.

Le caractère «Psychologique» ou trait de personnalité est le composant de l'agent social qui reflète son habilité dans la société artificielle.

L'agent cognitif social est distingué par son trait de personnalité et d'influence sur les autres (d'intérêts partagés) qui lui permet d'accomplir son but.

La base de la connaissance de l'agent cognitif sociale est composée de trois couches hiérarchiques (71):

- Modèle mondial: buts, désirs, et croyances

- Modèle mental: états de l'agent des contrôles et comportements

- Modèle social: réagit réciproquement avec les autres agents

Comme montré dans la Figure 58, l'agent cognitif social est présenté par trois couches superposées dont la sortie de l'une fournit une entrée pour la couche suivante. Ceci dit chaque couche de ce modèle possède un ensemble de fonctions qui dirigent les données, activent les buts correspondantes, et planifient les tâches à exécuter par la couche au niveau supérieurs.

Nous remarquons, en plus de l'aspect cognitif de l'agent cognitif social, la présence de l'aspect comportemental qui dirige ses interactions avec son environnement.

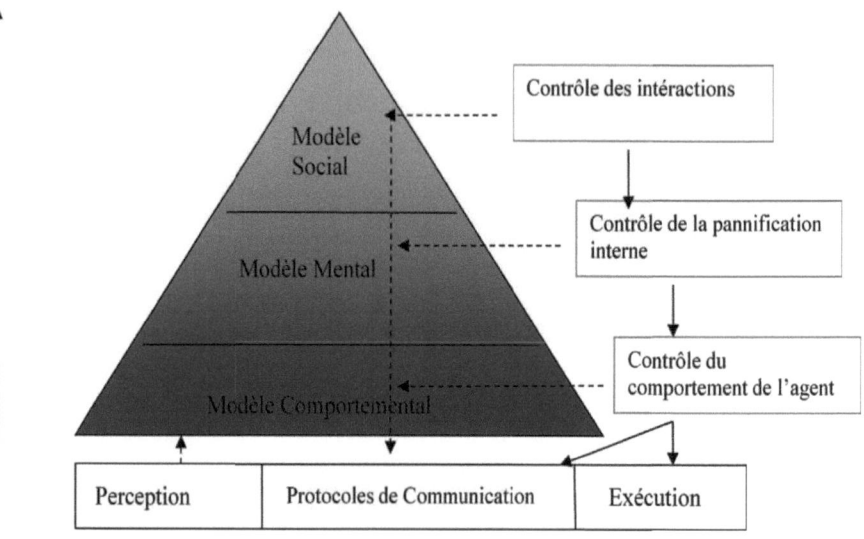

Figure 58: Modélisation de l'agent cognitif social

El-Nasr (72) a proposé le modèle FLAMME mettant en relief l'influence des émotions de l'agent dans le traitement de l'information et la prise de décision.

Ce modèle est composé de trois éléments basics:

– modèle «Psychologique» social,

– modèle mental,

– et modèle de la prise de décision.

Cette approche est basée sur un ensemble de règles déterminant l'émotion à déclencher (satisfaction/ insatisfaction) suite à un évènement discerné. L'intensité de l'émotion dépend de l'intensité du but impliqué par l'événement. Cependant la notion d'incertitude de l'événement entrant est absente.

Dans plusieurs modèles, exemple le modèle PETEEI (72) et le modèle EMA (73), les émotions sont activées à partir de la valeur du caractère désirable d'un événement externe provoqué et sa probabilité d'accomplir le but implicite voulu. Cette valeur est estimée à partir des règles de la logique floue.

D'une manière générale, ces modèles servent à déterminer quelle émotion à déclencher dans quelle situation sans tenir compte des caractères internes de l'agent ni de l'historique de ses transactions.

4. Application de l'Agent intelligent dans la négociation automatisée

Le rôle de l'agent intelligent est d'automatiser le processus de la négociation automatisée sans l'intervention humaine. Dans le cas d'une négociation d'une offre d'un bien, exemple Figure 59, l'agent intelligent (négociateur) doit évaluer les différentes propositions et donner des contre-propositions qui mènent à réaliser son but souhaité. Cette évaluation est basée principalement sur une stratégie de négociation dont les composants sont l'ensemble des préférences de l'agent négociateur, les objectifs à réaliser et la fonction de calcul de l'objet de négociation.

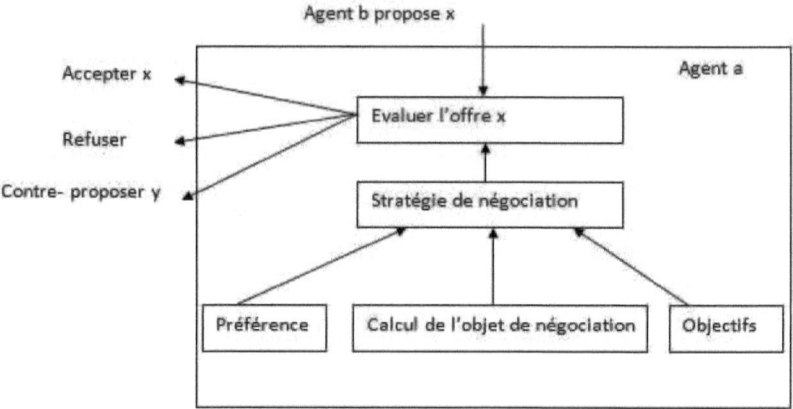

Figure 59: Processus de Prise de décision au cours d'une négociation automatisée

Ceci dit l'agent négociateur doit se servir d'un modèle de prise de décision afin d'offrir sa contre-proposition la plus adéquate, comme la prise en compte des négociations passées dans sa prise de décision à chaque nouvelle future proposition.

Il existe plusieurs exemples d'agents intelligents appliqués dans la négociation automatisée, nous citons par exemples :

‒ eMediator (74) : serveur basée sur la théorie des jeux permettant d'améliorer la performance de la commerce électronique.

‒ Auction-Bot (75): serveur dédié aux enchères permettant d'automatiser les enchères en ligne.

5. Conclusion

L'apport des agents intelligents dans la négociation électronique est de rationnaliser les échanges d'information et de garantir la réalisation de leurs objectifs prédéfinis en se basant sur des modèles de prise de décision adaptés. Les agents intelligents ont prouvé leur efficacité dans les négociations en ligne, non seulement en remplaçant l'homme dans ses transactions distantes, mais aussi en s'adaptant aux changements de l'environnement et aux événements imprévus.

Annexe 2. La Logique Floue pour la représentation des connaissances

1. Introduction

Cette annexe présente les fondements de la représentation des connaissances par les systèmes d'inférence flous.

Cette technique a réalisé des évolutions d'applications à travers l'histoire, commençant par l'invention des notions de bases de la logique floue en 1965 par le professeur d'automatique de l'Université de Californie à Berkeley, Lotfi Zadeh jus qu'a l'intégration de cette technique dans la majorité des domaines d'application de l'intelligence artificielle tels que l'industrie, la medecine, la commerce electronique, etc.

Ces évolutions peuvent êtres synthétisèes par les références suivantes:

- 1965: Concept introduit par Pr. Lotfi Zadeh (Berkeley) « Fuzzy set theory » renfermant la définition des ensembles flous et des opérateurs associés.

- 1970: Premières applications (systèmes experts, systèmes d'aide à la décision en médecine, commerce)

- 1974: Première application industrielle (Régulation floue d'une chaudière à vapeur réalisée par Mamdani.)

- 1985: Les japonais introduisent des produits grand public « Fuzzy Logic Inside ».

- A partir de 1990 (la maturité): Généralisation de l'utilisation de cette technique et intégration de la logique floue dans des domaines divers:

  o appareils électroménagers (lave-linge, aspirateurs, autocuiseurs, etc),

  o systèmes audio-visuels (appareils de photos autofocus, caméscope à stabilisateur d'images, photocopieurs,...)

  o systèmes automobiles embarqués (BVA, ABS, suspension, climatisation,...etc.),

  o systèmes autonomes mobiles,

  o systèmes de décision, diagnostic, reconnaissance,

  o systèmes de contrôle/commande dans la plupart des domaines industriels de production.

  o Etc.

La première définition de la logique floue proposée par Zadeh (76) repose sur un outil intelligent capable de modéliser le langage naturel humain et de rendre compte du caractère vague des connaissances incertaines. Son utilisation dans les systèmes experts, sous la forme de règles de raisonnement floues a été introduite par Mamdani (77). Elle apprécie les variables d'entrées et de sorties de façon approximative et édicte un ensemble de règles permettant de déterminer les sorties en fonction des entrées.

La prise de décision en logique floue repose principalement sur la notion d'expertise, qui permet de quantifier le flou à partir des connaissances acquises antérieurement en se référant à une base des règles de la forme :

SI... ALORS... (Inférence floue).

Son caractère pragmatique (plutôt que déterministe) lui a donné l'avantage d'être appliquée dans divers domaines:

— Systèmes d'aide à la décision, et aux diagnostics (domaine médical, orientation professionnelle)

— Base de données (objets flous et \ ou requêtes floues)

— Reconnaissance de forme.

— Agrégation multicritère et optimisation

— Commande floue de systèmes

La suite de cette annexe introduit les concepts de base de la logique floue et le modèle d'inférence flou.

2. Les concepts de base de la logique floue

La logique floue s'appuie sur la définition d'un ensemble d'éléments fondamentaux tels que la théorie mathématique des ensembles flous, les variables linguistiques, les règles d'inférence, et les opérateurs logiques flous définis comme suit (78):

❖ **Ensembles flous:**

Présente une extension de la théorie des ensembles classiques pour renfermer des ensembles définis de façons imprécise. Les ensembles flous sont caractérisés par des limites indéterminées et par des fonctions d'appartenances graduelles des variables linguistiques.

Soit μ_A la fonction d'appartenance de l'ensemble flou A définie par $A : \forall x \in U, u_A(x) \in [0;1]$; avec x est une variable linguistique appartenant à l'univers U.

❖ **Variables linguistiques :**

La logique floue est fondée sur des variables floues dites variables linguistiques à valeurs inexactes faisant parti à un univers du discours appelé U. Elles sont généralement utilisées lors de la description d'une situation, d'un phénomène, on des procédés tels que : la température, l'âge, la vitesse, etc.

❖ **Règles d'inférences :**

Les valeurs des variables linguistiques sont liées entre elles par des règles déduisant des conclusions ou des conséquences appelées règles de déductions floues ou règles d'inférences.

Nous distinguons deux types de règles d'inférences :

- Inférence avec une seule règle: une seule règle est actionnée en sortie.

- Inférence avec plusieurs règles : plusieurs règles sont actionnées en sortie.

❖ **Opérateurs logiques flous :**

Ils Présentent une extension des opérations de la théorie des ensembles classiques tels que : =, ∪, ∩, ⊂, et le complément.

Les plus utilisés sont:

– La réunion:

$$u_{(A \cup B)}(x) = \max\big(u_A(x), u_B(x)\big) \quad \forall x \in U$$

– L'intersection:

$$u_{(A \cap B)}(x) = \min\big(u_A(x), u_B(x)\big) \quad \forall x \in U$$

– Le complément:

$$u_{(\bar{A})}(x) = 1 - u_A(x) \quad \forall x \in U$$

3. Le Modèle d'inférence floue

Le modèle d'inférence floue décrit les principales étapes de procéder les variables linguistiques floues pour une prise de décision finale pragmatique.

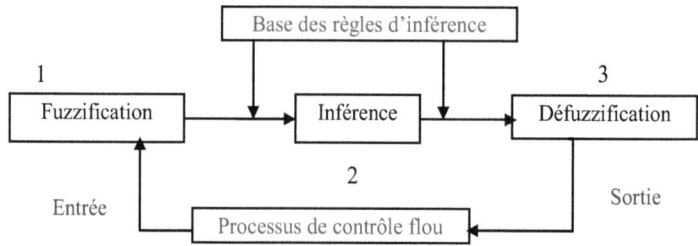

Figure 60: Modèle d'inférence floue

Comme présenté dans la Figure 60 le modèle d'inférence flou est basé sur les phases consécutives suivantes (79) (80):

185

3.1. Fuzzification

Cette phase détermine les fonctions d'appartenance graduelles des variables linguistiques d'entrée pour fournir comme sortie des variables floues.

La Fuzzification, ainsi présentée par la Figure 61, consiste à une quantification floue des valeurs réelles d'une variable: il s'agit d'attribuer à chaque variable des degrés d'appartenance aux différents ensembles flous.

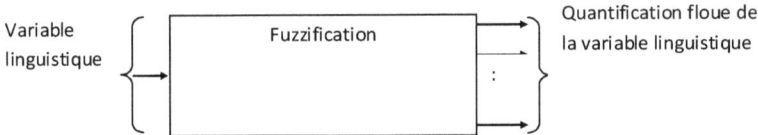

Figure 61: La phase de Fuzzification

La Fuzzification repose essentiellement sur:

- L'univers du discours : la plage de variations possibles de l'entrée considérée.

- La partition de l'ensemble floue de cet univers en classes définies.

- L'attribution des fonctions d'appartenances à chacune de ces classes.

3.2. Création des règles d'inférences

Les systèmes à logique floue utilisent une expertise exprimée sous la forme d'une base de règles de type: **SI.....ALORS**

Il s'agit de donner les règles qui lient les données aux actions. Les données

186

en entrée forme la(les) prémisse(s) et celles en sortie forme la(les) conclusion(s).

❖ **Exemple :**

SI (X est A) ALORS (Y est B)

- La variable floue X appartient à la classe floue A avec un degré de validité m(x0)

- La variable floue Y appartient à la classe floue B à un degré qui dépend du degré de validité m(x0) de la prémisse

- Plus la condition sur les entrées est vraie. Plus l'action préconisée pour les sorties doit être respectée

- La conclusion d'une règle floue est l'appartenance d'une variable floue de sortie à une classe floue.

Cette appartenance dépend de :

- la classe floue de sortie considérée.

- du degré de validité de la prémisse m(x0).

- de la méthode d'implication choisie.

❖ **Les méthodes d'implication floues**

2 méthodes principales d'implication floue:

– Méthode de Mamdani :

$$u'_{conclusion}(y) = \underset{y}{MIN}(u_{premisse}(x_0), u_{conclusion}(y))$$

– Méthode de larsen :

$$u'_{conclusion}(y) = u_{premisse}(x_0) \times u_{conclusion}(y)$$

❖ **Activation des règles :**

$R1$: Si $\left(X_1\ est\ A_{11}\right)$ et Si $\left(X_2\ est\ A_{12}\right)$ alors Y est B_1
$R2$: Si $\left(X_1\ est\ A_{21}\right)$ et Si $\left(X_2\ est\ A_{22}\right)$ alors Y est B_2
$R1$: Si $\left(X_1\ est\ A_{31}\right)$ et Si $\left(X_2\ est\ A_{32}\right)$ alors Y est B_3
....

– Une règle est activée dès qu'elle a une prémisse ayant une valeur de vérité non nulle.

– Plusieurs règles peuvent être activées simultanément et préconiser des actions avec différents degrés de validités; ces actions peuvent être contradictoires.

Il convient d'agréger les règles pour fournir une appartenance de la variable floue de sortie à une classe floue consolidée.

❖ **Composition des règles :**

On considère que les règles sont liées par un opérateur OU.

$$u_B(y) = MAX[u_{Bi}(y)]i \in \{indices\ \ des\ règles\ activées\}$$

$u_B(y)$: La fonction d'appartenance d'un ensemble flou qui caractérise le résultat final d'activation des différentes règles. Il faut défuzzifier pour donner la valeur recherchée de sortie.

3.3. Défuzzification :

La défuzzification associe à l'ensemble flou de sortie un nombre physique réel interprétable par l'utilisateur.

Deux principales méthodes de défuzzification (81):

- La Méthode du centre de gravité (COG):

Cette méthode détermine l'abscisse du centre de gravité de la surface du courbe résultat. En commande floue, la défuzzification COG est presque toujours utilisée.

Elle prend en compte l'influence de l'ensemble des valeurs proposées par la solution floue.

$$sortie = \frac{\int_U y.u(y).dy}{\int_U u(y).dy} \quad U \ est \ l'univers \ du \ discours$$

- Méthode moyenne des maximums (MM):

La défuzzification MM est plutôt utilisée lorsqu'il s'agit de discriminer une valeur de sortie (exemple : la reconnaissance de formes).

$$sortie = \frac{\int_S y.dy}{\int_U dy} \quad S = \left\{ y_0 \in U \ / \ u(y_0) = \sup_{y \in U} (u(y_0)) \right\}$$

4. Conclusion

A des situations de prise de décision imprécises et des données indéterminées, la logique floue permet la description de l'incertain et la prestation de résultats physiques interprétable par l'être humain.

Elle permet d'appréhender des problèmes mathématiques complexes de façon simple et intuitive pour donner des solutions plutôt pragmatiques que déterministes.

Annexe 3. Stratégie des jeux pour l'analyse de la Négociation automatisée

1. Introduction

La Théorie des Jeux a d'abord été développée par Von Neumann et Morgenstern à la fin des années 40s. Dans les années 50s Nash a présenté l'idée de son point d'équilibre qui maximise le gain d'un individu étant donné le(s) choix de son (ses) adversaire(s). Le modèle dynamique (basé sur le dilemme du prisonnier), a été développé par Axelrod (82). Ce dernier s'est interrogé sur l'émergence de la coopération, et son maintien, dans le cadre du modèle précédent ou chaque individu va chercher à maximiser son résultat.

La Théorie des Jeux est une discipline mathématique qui étudie les situations où le gain de chaque partie de la négociation dépend non seulement des décisions qu'elle prend mais également des décisions des autres parties. Le choix « optimal » pour chacune dépend généralement de ce que font les autres. (83) (84)

Par exemple, on peut percevoir les marchés comme des jeux où les participants sont des vendeurs et des acheteurs.

Elle permet donc une analyse formelle des problèmes posés par l'interaction stratégique d'un groupe d'agents rationnels poursuivant des buts qui leur sont propres. (85) (86)

2. Présentation de la forme stratégique d'un jeu

Un jeu stratégique est définit par le triplet $< A, S, u >$ où :

- A est un ensemble de n joueurs (ou agents), assimilé à
  l'intervalle $[1..n] \in N$: On suppose que les joueurs sont en
  nombre fini. Un joueur quelconque est désigné par l'indice i.

- Pour chaque joueur i un ensemble de stratégies Si = {S1, .., Si, ..,
  Sn} : Si désigne toutes les stratégies disponibles pour le joueur i.

- $s = (s^1, ..., s^i, ..., s^n) \in S^1 \times ... \times S^i \times ... \times S^n \equiv S$ est   une
  issue du jeu, c'est-à-dire une combinaison de stratégies à raison
  d'une stratégie par joueur. On désigne par $s^{-i} \in S^{-i}$ toutes les
  stratégies choisies sauf celle du joueur i.

Pour chaque joueur i une fonction d'évaluation de gain qui à chaque
ensemble de stratégies associe les gains du joueur i. La fonction de gain du
joueur i dépend non seulement de sa stratégie s^i mais aussi de celles des
autres joueurs résumés dans s^{i-1}. Ceci dit, le joueur i préfère strictement
l'issue s à l'issue s' ssi $u_i(s) > u_i(s')$. Si $u_i(s) = u_i(s')$ le joueur est
indifférent (neutre).

D'après cette définition on peut qualifier la Théorie des Jeux par une
théorie de la décision rationnelle d'agents stratégiquement interdépendants,
c'est-à-dire qui s'influencent les uns les autres et qui ont conscience de ces
influences réciproques (87)

192

La théorie des jeux comprend :

- La théorie de la décision statique en information complète

- La théorie de la décision interactive (dynamique) en information complète

- La théorie de la décision statique en information incomplète

- La théorie de la décision interactive (dynamique) en information incomplète

3. Théorie des Jeux statiques en information complète

On dit qu'un jeu est statique (one-shot game) lorsque les joueurs choisissent simultanément leurs actions et reçoivent ensuite leurs gains respectifs. Parmi les jeux statiques, on discerne les jeux finis à deux joueurs présentés sous la forme de matrice dans lesquelles le premier joueur joue verticalement et le second joue horizontalement : on parle dans ce cas de jeux matriciels (exemple le jeu du dilemme du prisonnier) (88)

3.1. Forme stratégique (normale ou matrice des payoffs) des jeux

Un jeu sous forme normale (89) est la donnée de l'ensemble des joueurs, de l'ensemble des stratégies pour chaque joueur et des paiements associés à toute combinaison possible de stratégies. Les joueurs décident simultanément de leur stratégie.

❖ **Stratégie dominante**

On remarque qu'Avouer est une stratégie dominante pour les deux avisés.

Dans un jeu en forme stratégique, on dit qu'une stratégie $s^{i^*} \in S^i$ est dominante pour le joueur i si, quel que soit $s^i \in S^i$ et $s^i \neq s^{i^*}$, si les inégalités sont satisfaites $u_i(s^{i^*}, s_{-i}) \geq u_i(s^i, s_{-i})$ pour tout $s_{-i} \in S^{-i}$

Si dans un jeu donné tous les joueurs disposent d'une stratégie dominante et qu'ils choisissent effectivement cette stratégie, le résultat du jeu est appelé équilibre en stratégies dominantes. Dans le dilemme du prisonnier, le couple (Avouer, Avouer) est un équilibre en stratégies dominantes.

3.2. Equilibre de Nash (1951)

Nash suggère que s'il n'y a pas de stratégies dominantes/dominées on a recours à rechercher d'un (des) point(s) d'équilibre(s) (90) qui satisfai(en)t les intérêts des joueurs.

Le concept d'équilibre donne pour chaque jeu une prédiction sur l'issue de ce jeu. La condition de l'état d'équilibre est que les joueurs, qui s'y trouvent, n'ont aucun intérêt à en dévier unilatéralement. (91)

L'équilibre de Nash (EN) est une issue de tactique dont aucun joueur n'a envie de dévier unilatéralement, étant données les stratégies jouées par les autres joueurs. (92)

Une issue $S^* = \left(s_1^*, ..., s_n^*\right) \left(s_i^* \in S_i, i = 1...n\right)$ est un équilibre de Nash si aucun joueur n'a intérêt à dévier unilatéralement de sa stratégie s_i^* quand les autres joueurs continuent à jouer l'issue s_{-i}^* .

Par conséquent l'inégalité suivante doit être vérifiée:
$$u_i\left(s_i^*, s_{-i}^*\right) \geq (s_i, s_{-i}), \forall s_i \in S_i, \forall i = 1...n$$

S^* est un équilibre de Nash strict si:
$$u_i\left(s_i^*, s_{-i}^*\right) \geq \left(s_i, s_{-i}^*\right) \forall s_i \in S_i, \forall i = 1...n$$

3.3. Stratégies mixtes

Ce type de stratégies est fondé sur la notion du jeu au hasard par l'affectation d'une probabilité aux différentes actions de l'adversaire, et d'opter pour la meilleure réponse adaptée. Au lieu de décider fermement d'une action, chaque joueur va agir de façon probabiliste, chaque coup étant choisi par hasard avec un processus aléatoire (par exemple un jeu de dès, ou une table de valeurs aléatoires). (93)

Les stratégies mixtes sont empiriquement bien connues des diplomates et des joueurs de poker, qui savent les bénéfices potentiels obtenus en cachant leurs plans, même quand il y en a un qui semble évident.

4. Théorie des Jeux dynamiques en information complète

La théorie des jeux dynamiques prend en compte la compétition entre processus évoluant dans le temps. (94)

Elle est fondée sur les concepts de la forme extensive des jeux et de l'équilibre parafait en sous jeux.

4.1. Forme extensive des jeux

Les jeux sous forme extensive (développée) permettent de prendre en compte de manière détaillée la structure séquentielle du problème de décision (95) (arbre de jeu), l'évolution de l'information, des croyances, et des possibilités d'action. A chaque nœud de l'arbre est associé un joueur qui décide. Chaque option constitue une branche. Les gains de tous sont associés aux terminaisons ou feuilles de l'arbre. Un joueur n'a toutefois pas besoin de savoir comment il est parvenu à un nœud: seul compte l'état présent du jeu, et les positions recherchées dans le futur. Lorsque certains mouvements ne sont autorisés qu'après un événement donné, cet événement n'est qu'un des éléments à matérialiser dans l'état présent du jeu et n'a pas besoin de faire partie d'un historique.

Une forme extensive de jeu est un arbre de décision décrivant les actions possibles des joueurs à chaque étape du jeu, la séquence de tours de jeu des joueurs, ainsi que l'information dont ils disposent à chaque étape pour prendre leur décision. Cette information est représentée sous forme d'ensembles d'information qui forment une partition des nœuds de l'arbre, chaque classe de la partition contenant les nœuds non distinguables par le joueur à une étape du jeu.

4.2. Equilibre parfait en sous-jeux

Les équilibres parfaits en sous-jeux (96) sont des équilibres de Nash tels que dans tout sous-jeu propre, les stratégies restreintes à ce sous-jeu continuent à former un équilibre de Nash de ce sous-jeu.

Supposons que k jeux des n étapes ont déjà été joués, avec l'historique H(k) englobant les stratégies choisies jusqu'alors par chaque joueur.

Dans le cas de 2 joueurs on a:

$$H(k) = \left(s_1^{-1}, ... s_1^{-k} \; ; \; s_2^{-1}, ... s_2^{-k} \right)$$

Un sous-jeux à n-étapes est formé des jeux k+1..,n ; étant donnée H(k), le gain de chaque joueur est :

$$u_i(s_1^{k+1}, s_1^{n}; s_2^{k+1}, s_2^{n}) = U_i(\overline{s_1}, \overline{s_2} \mid H(k)), \, i = 1, 2$$

La paire de stratégies du jeu à n étapes forme un sous-jeu parfait, si elle constitue un équilibre de Nash pour tous les sous-jeux formés des étapes k+1,n avec les historiques H(k).

D'où, la paire de stratégies du sous-jeu qui démarre en k+1:

$$\overline{s_1} = (s_1^{k+1}, s_1^{k+2}, ..., s_1^{n}) \; et \; \overline{s_2} = (s_2^{k+1}, s_2^{k+2}, ..., s_2^{n})$$

Est un équilibre de ce jeu, quel que soit l'historique H(k).

5. Les jeux en information incomplète

Les joueurs ne sont par informés et créent des estimations et des prédictions (97) sur les choix des autres à fin de trouver le meilleur choix à adopter.

On les appelle aussi jeux bayésiens dynamiques :

- Les joueurs choisissent séquentiellement leurs actions

- Au moins un joueur ne connaît pas la fonction de paiement d'un autre

− Utiliser l'information disponible (coups observés) pour réviser ses croyances

Harsanyi (1967--1968) propose une transformation :

Information incomplète → à information imparfaite

Par l'introduction d'un joueur fictif, appelé Nature, qui détermine les éléments aléatoires du jeu (les états de la Nature, incluant les croyances des joueurs), avec une distribution de probabilité a priori commune

6. Domaine d'application de la stratégie des jeux

Les champs d'application de la théorie des Jeux sont très variés par exemples nous citons les domaines de:

− Défense : modélisation de la dissuasion nucléaire,

− Sociologie et génétique : des chercheurs ont utilisé la stratégie des jeux pour mieux comprendre l'évolution du comportement des espèces face à la modification de leur environnement,

− Organisation : développement de système multi-agents,

− Marketing et stratégie d'entreprise

− Domaine de l'économie, celles où existent un nombre réduit de compétiteurs (oligopole)

La Théorie des Jeux cherche les stratégies rationnelles dans des situations conflictuelles entre des partenaires où les gains d'un acteur dépendent non seulement de son comportement et des conditions de marché, mais aussi de celui des autres intervenants, lesquels peuvent poursuivre des objectifs différents ou contradictoires.

L'application de la stratégie des jeux dans la commerce électronique a montré une efficience dans la modélisation et l'analyse des interactions stratégiques, permettant ainsi d'évoluer la stratégie d'action suivant le comportement des rivaux. (98)

❖ **Mise en œuvre des fondements de la théorie des jeux dans la négociation automatisée :**

Les jeux de négociations combinent les apports théoriques de la stratégie des jeux avec les conduites comportementales induites des protocoles de négociation (99) (100). En d'autres termes ils permettent de saisir la liaison entre des comportements coopératifs et compétitifs, induites des règles théoriques de négociation, avec des compétences et des expériences potentielles du domaine.

Exemples d'application des jeux de négociation:

- Les problèmes d'allocation de ressources entre plusieurs utilisateurs : les négociateurs cherchent des compromis mutuellement satisfaisants.

- Les problèmes des enchères : un négociateur doit estimer les différentes stratégies de ces adversaires afin de saisir les opportunités.

7. Conclusion

La théorie des jeux permet de rationnaliser les choix des partenaires en intérêt conflictuels et de chercher des points de satisfactions mutuelles appelées des points d'équilibre et de prendre des décisions optimales face aux adversaires de stratégies dynamiques. Cette théorie a vue plusieurs applications dans divers domaines où l'information est imparfaite, en particulier en négociation automatisée.

Annexe 4. Les tables des expérimentations de l'approche rationnelle

1. Les utilités moyennes des joueurs des négociations réussies et échouées

	VA	VN	VC
ARatio	0.2750 0.8177	0.1855 0.7660	0.5968 0.4020

Tableau 4: Les utilités moyennes des joueurs des négociations échouées et réussies

2. Les utilités moyennes des joueurs des négociations réussies

	VA	VN	VC
ARatio	0.2926 0.8699	0.1855 0.7660	0.5968 0.4020

Tableau 5: Les utilités moyennes des joueurs des négociations réussies

3. Percentages des accords

	VA	VN	VC
ARatio	0.94	1	1

Tableau 6: Pourcentage d'accords

4. La moyenne du nombre de tours

	VA	VN	VC
ARatio	10.9149	7.9500	1.1500

Tableau 7: Moyenne du nombre de tours

Annexe 5. : Les tables des expérimentations de l'approche floue basée sur le tempérament

1. Expérimentation des négociations réussies et échouées

i. Cas1 : Utilités moyennes des négociateurs pour $T_{max}^a > T_{max}^v$

		V		
		VA	VN	VC
A	AA	0.1935 0.5591	0.5415 0.3038	0.9036 0.0964
	AN	0.2079 0.6526	0.6701 0.2893	0.9098 0.0902
	AC	0.2350 0.5595	0.6609 0.2569	0.9059 0.0941

Tableau 8: Utilités moyennes des joueurs en négociation pour $T_{max}^a > T_{max}^v$

ii. Cas2: Utilités moyennes des négociateurs pour $T_{max}^a = T_{max}^v$

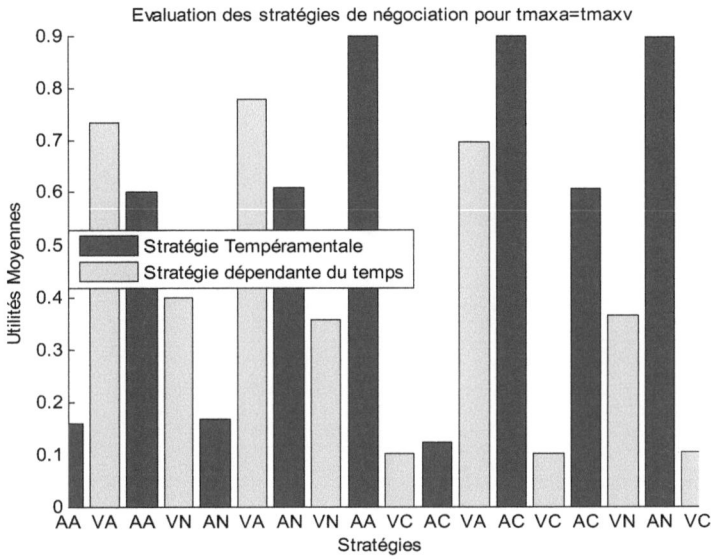

Figure 62: Utilités moyennes des joueurs en négociation pour $T_{\max}^a = T_{\max}^v$

	V		
	VA	VN	VC
AA	0.1591 0.7322	0.6016 0.3984	0.8986 0.1014
A AN	0.1678 0.7776	0.6088 0.3579	0.8948 0.1052
AC	0.1219 0.6950	0.6060 0.3641	0.8999 0.1001

Tableau 9: Utilités moyennes des joueurs en négociation pour $T_{\max}^a = T_{\max}^v$

iii. Cas3: Utilités moyennes des négociateurs pour $T_{\max}^{a} < T_{\max}^{v}$

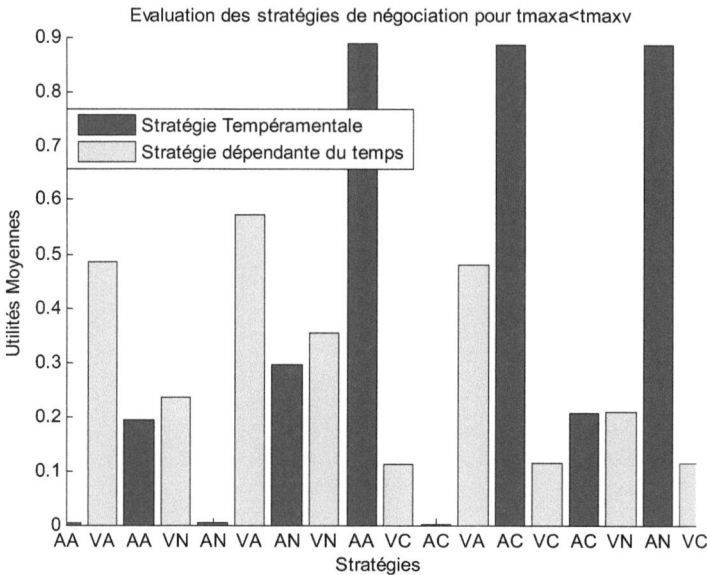

Figure 63: Utilités moyennes des joueurs en négociation pour
$T_{\max}^{a} < T_{\max}^{v}$

		V		
		VA	VN	VC
A	AA	0.0046 0.4867	0.1931 0.2354	0.8869 0.1131
	AN	0.0038 0.5725	0.2970 0.3545	0.8843 0.1157
	AC	0.0021 0.4800	0.2078 0.2089	0.8855 0.1145

Tableau 10: Utilités moyennes des joueurs en négociation pour

$T_{\max}^{a} < T_{\max}^{v}$

2. Experimentation des négociations réussies

i. Cas1: Utilités moyennes des négociateurs pour $T_{\max}^a > T_{\max}^v$

		V					
		VA		VN		VC	
	AA	0.2571	0.7429	0.6406	0.3594	0.9036	0.0964
A	AN	0.2416	0.7584	0.6984	0.3016	0.9098	0.0902
	AC	0.2957	0.7043	0.7190	0.2810	0.9059	0.0941

Tableau 11: Utilités moyennes des joueurs en Négociation réussies pour

$$T_{\max}^a > T_{\max}^v$$

❖ **Pourcentage d'accords:**

		V		
		VA	VN	VC
	AA	0.3650	0.4100	0.4300
A	AN	0.3700	0.3550	0.3500
	AC	0.2900	0.3700	0.3650

Tableau 12: Pourcentage des accords pour $T_{\max}^a > T_{\max}^v$

❖ **Nombre moyen de tours pour arriver à un accord**

		V		
		VA	VN	VC
	AA	20.7534	15.4533	4.2093
A	AN	20.7838	16.3099	4.1571
	AC	20.7069	16.0676	4.0274

Tableau 13: Nombre moyen de tours pour arriver à un accord pour

$$T_{\max}^a > T_{\max}^v$$

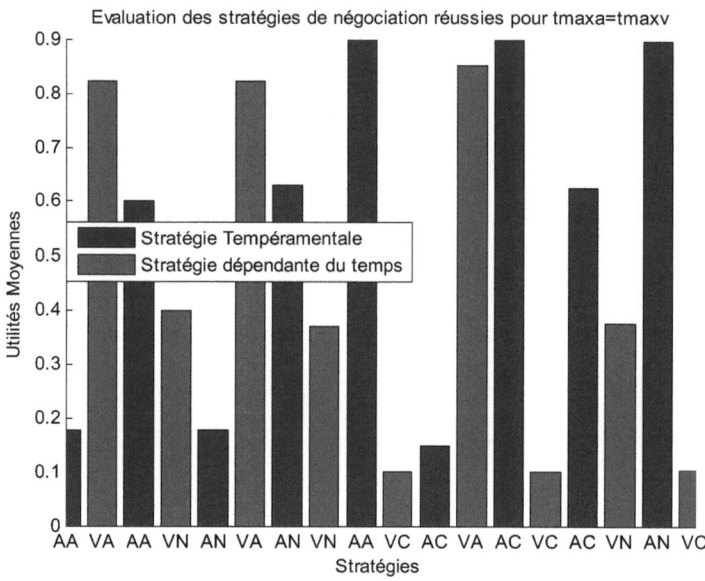

Figure 64: Utilités moyennes des joueurs en négociation réussies pour

$$T_{\max}^{a} = T_{\max}^{v}$$

	V					
		VA		VN		VC
A	AA	0.1785	0.8215	0.6016	0.3984	0.8986	0.1014
	AN	0.1775	0.8225	0.6298	0.3702	0.8948	0.1052
	AC	0.1492	0.8508	0.6261	0.3739	0.8999	0.1001

Tableau 14: Utilités moyennes des joueurs en négociation réussies pour

$$T_{\max}^{a} = T_{\max}^{v}$$

❖ **Le pourcentage d'accords:**

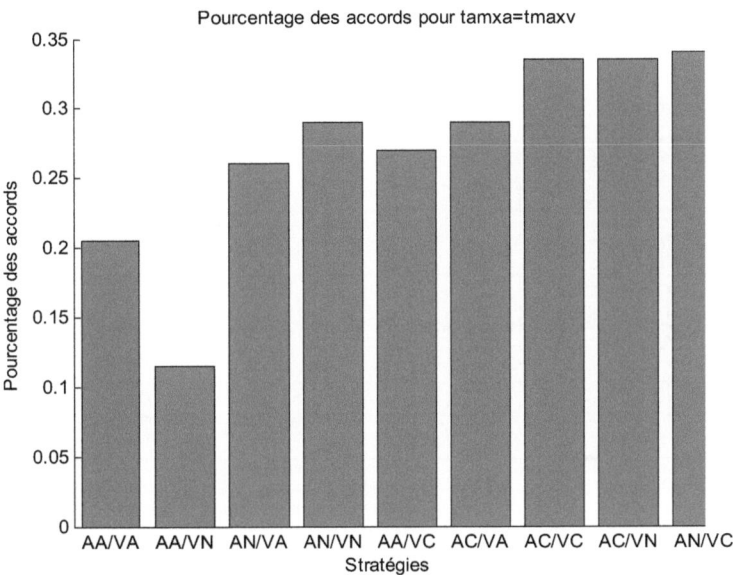

Figure 65: Pourcentage des accords pour $T_{\max}^{a} = T_{\max}^{v}$

	V			
		VA	VN	VC
	AA	0.2050	0.1150	0.2700
	AN	0.2600	0.2900	0.3400
A	AC	0.2900	0.3350	0.3350

Tableau 15: Pourcentage des accords pour $T_{\max}^{a} = T_{\max}^{v}$

❖ Nombre moyen de tours pour arriver à un accord:

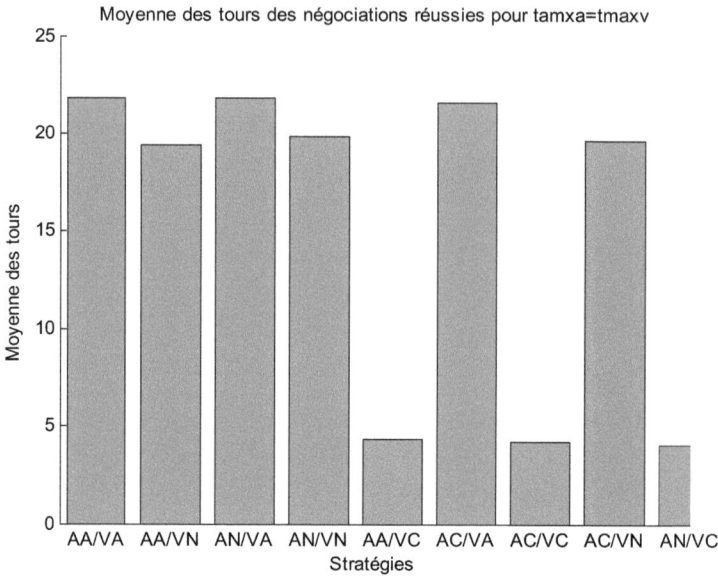

Figure 66: Nombre moyen de tours pour arriver à un accord pour

$$T^a_{\max} = T^v_{\max}$$

	V		
		VA	VN	VC
A	AA	21.8293	19.4107	4.3519
	AN	21.8462	19.8448	4.0441
	AC	21.5862	19.6269	4.2239

Tableau 16: Nombre moyen de tours pour arriver à un accord pour

$$T^a_{\max} = T^v_{\max}$$

iii. **Cas3: Utilités moyennes des négociateurs pour** $T^a_{max} < T^v_{max}$

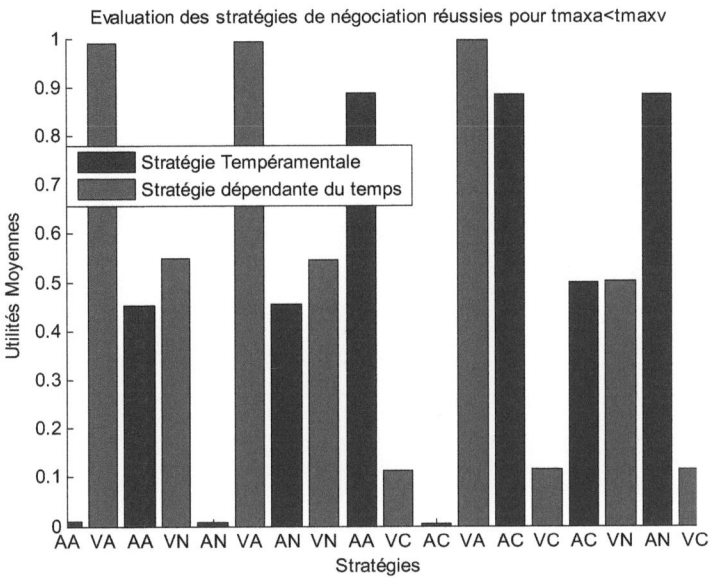

Figure 67: Utilités moyennes des joueurs en Négociation réussies pour

$$T^a_{max} < T^v_{max}$$

	V					
		VA		VN		VC
A	AA	0.0093	0.9907	0.4506	0.5494	0.8869	0.1131
	AN	0.0066	0.9934	0.4559	0.5441	0.8843	0.1157
	AC	0.0044	0.9956	0.4988	0.5012	0.8855	0.1145

Tableau 17: Utilités moyennes des joueurs en Négociation réussies pour

$$T^a_{max} < T^v_{max}$$

❖ **Pourcentage d'accords**

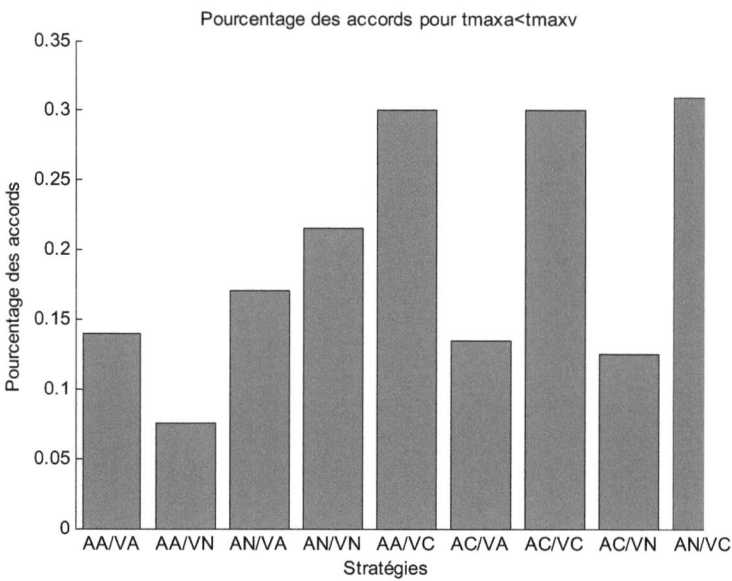

Figure 68: Pourcentage des accords pour $T_{\max}^a < T_{\max}^v$

		V		
		VA	VN	VC
A	AA	0.1400	0.0750	0.3000
	AN	0.1700	0.2150	0.3100
	AC	0.1350	0.1250	0.3000

Tableau 18: Pourcentage des accords pour $T_{\max}^a < T_{\max}^v$

❖ Nombre moyen de tours pour arriver à un accord

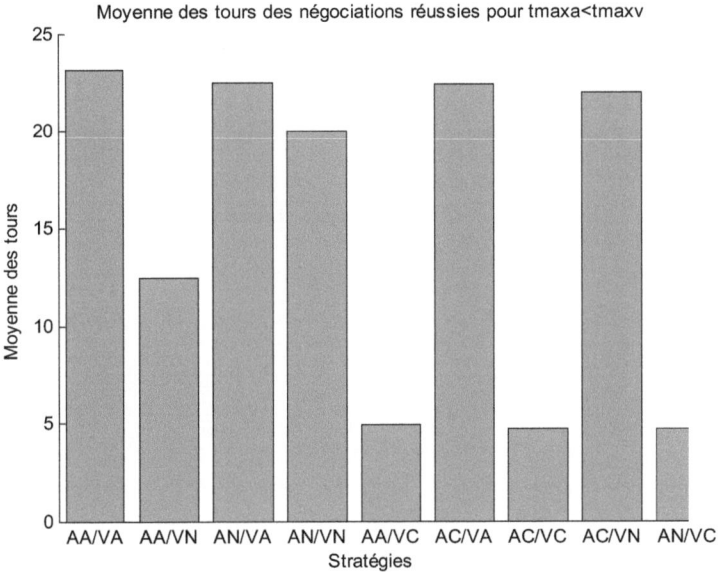

Figure 69: Nombre moyen de tours pour arriver à un accord pour

$$T_{\max}^a < T_{\max}^v$$

		V		
		VA	VN	VC
A	AA	23.1071	12.4545	4.9167
	AN	22.5000	19.9767	4.7258
	AC	22.4074	22.0000	4.7500

Tableau 19: Nombre moyen de tours pour arriver à un accord pour

$$T_{\max}^a < T_{\max}^v$$

Annexe 6. Expérimentations de l'approche Tempéro-Rationnelle

1. Expérimentation des Négociations réussies et échouées

i. Cas1: Utilités moyennes des négociateurs pour $T_{max}^a > T_{max}^v$

V		VA	VN	VC
		VA	VN	VC
	AA	0.5582 , 0.2562	0.4503 0.2713	0.3498 0.1619
A	AN	0.5561 0.2695	0.3953 0.0371	0.3451 0.1835
	AC	0.5685 0.2808	0.1852 0.0202	0.4626 0.1538

Tableau 20: Utilités moyennes des joueurs en Négociation pour

$$T_{max}^a > T_{max}^v$$

ii. Cas2: Utilités moyennes des négociateurs pour $T_{\max}^{a} = T_{\max}^{v}$

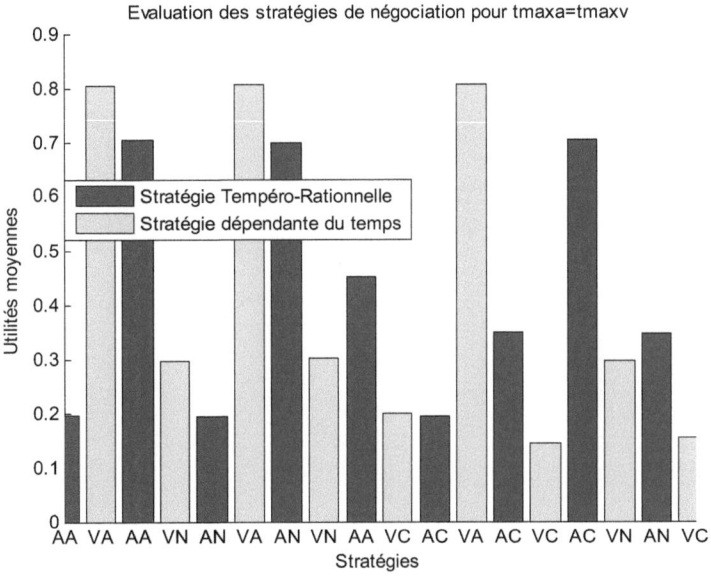

Figure 70: Utilités moyennes des joueurs en Négociation pour

$$T_{\max}^{a} = T_{\max}^{v}$$

		V		
		VA	VN	VC
A	ARa	0.1966	0.7029	0.4505
		0.8034	0.2971	0.1976
	NRa	0.1945	0.6997	0.3460
		0.8055	0.3003	0.1540
	CRa	0.1939	0.7036	0.3478
		0.8061	0.2964	0.1447

Tableau 21: Utilités moyennes des joueurs en négociation pour

$$T_{\max}^{a} = T_{\max}^{v}$$

iii.   Cas3: Utilités moyennes des négociateurs pour $T_{\max}^{a} < T_{\max}^{v}$

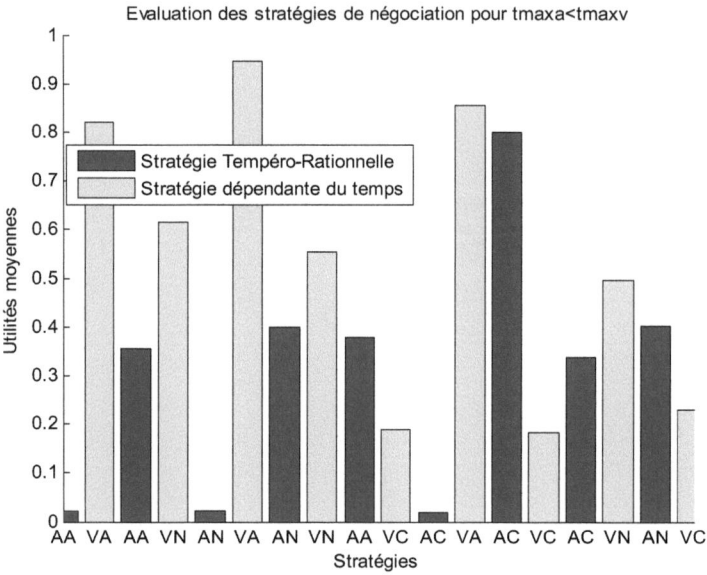

Figure 71: Utilités moyennes des joueurs en Négociation pour

$$T_{\max}^{a} < T_{\max}^{v}$$

		V					
		VA		VN		VC	
A	AA	0.0220	0.8201	0.3551	0.6163	0.3776	0.1891
	AN	0.0214	0.9447	0.4000	0.5546	0.4008	0.2283
	AC	0.0195	0.8555	0.3377	0.4956	0.8003	0.1831

Tableau 22: Utilités moyennes des joueurs en négociation pour

$$T_{\max}^{a} < T_{\max}^{v}$$

2. Expérimentation des négociations réussies

i. Cas1 : Utilités moyennes des négociateurs pour $T_{\max}^a > T_{\max}^v$

		V					
		VA		VN		VC	
	AA	0.6854	0.3146	0.6241	0.3759	0.6836	0.3164
A	AN	0.6736	0.3264	0.9142	0.0858	0.6529	0.3471
	AC	0.6693	0.3307	0.8928	0.1072	0.7504	0.2496

Tableau 23: Utilités moyennes des joueurs en négociation pour

$$T_{\max}^a > T_{\max}^v$$

❖ **Pourcentage d'Accords**

		V		
		VA	VN	VC
	AA	0.3950	0.3500	0.2200
A	AN	0.3550	0.1600	0.1850
	AC	0.3100	0.0800	0.2250

Tableau 24: Pourcentage d'accord

❖ **Moyenne de nombre de tours**

		V		
		VA	VN	VC
A	AA	21.8228	22.7826	1.0682
	AN	23.0845	24.4375	1.0000
	AC	21.7742	21.4375	5.3333

Tableau 25: Moyenne de nombre de tours

ii. **Cas2: Utilités moyennes des négociateurs pour** $T_{\max}^{a} = T_{\max}^{v}$

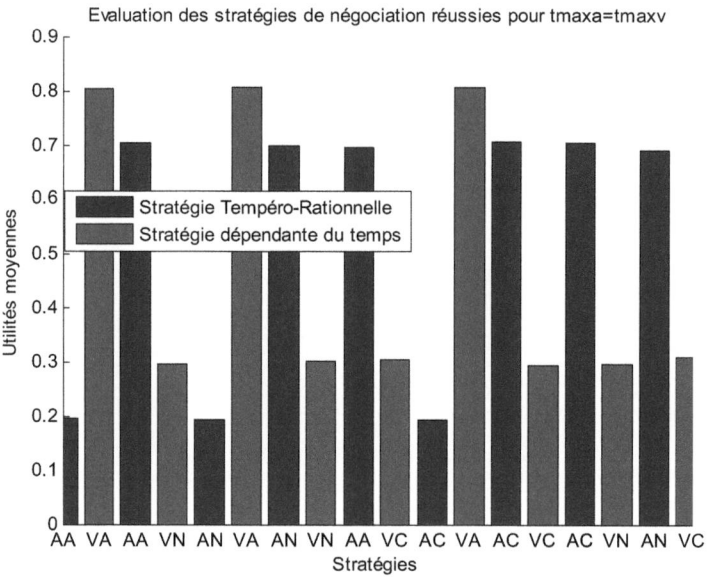

Figure 72: Les utilités moyennes des joueurs en négociation réussies pour

$$T_{\max}^{a} = T_{\max}^{v}$$

	V					
	VA		VN		VC	
AA	0.1966	0.8034	0.7029	0.2971	0.6951	0.3049
AN	0.1945	0.8055	0.6997	0.3003	0.6921	0.3079
AC	0.1939	0.8061	0.7034	0.2966	0.7062	0.2938

Tableau 26: Les utilités moyennes des joueurs en négociation réussies pour

$$T_{\max}^a = T_{\max}^v$$

❖ **Pourcentage d'accords**

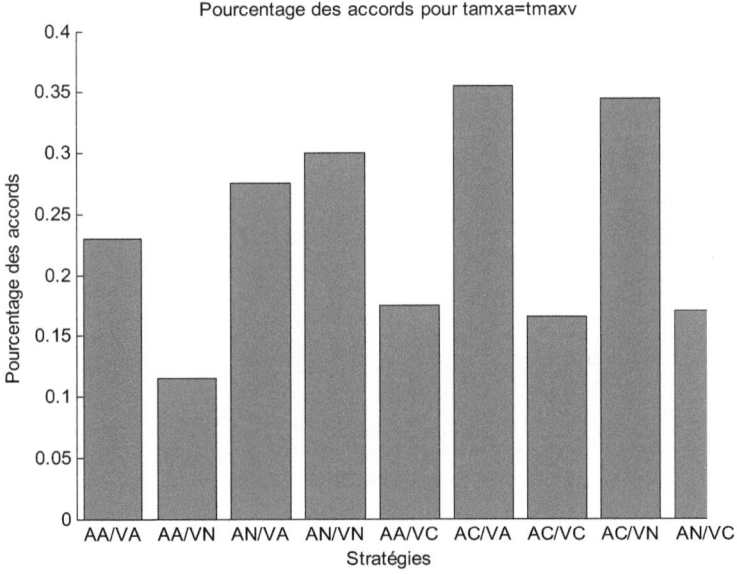

Figure 73: Pourcentage des accords pour $T_{\max}^a = T_{\max}^v$

		V		
		VA	VN	VC
A	AA	0.2300	0.1150	0.1750
	AN	0.2750	0.3000	0.1700
	AC	0.3550	0.3450	0.1650

Tableau 27: Pourcentage des accords pour $T_{\max}^a = T_{\max}^v$

❖ **Moyenne de nombre de tours**

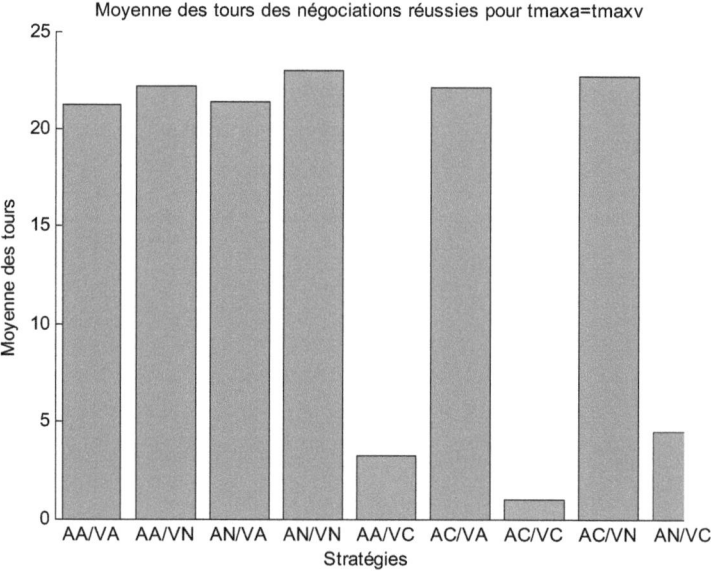

Figure 74: Nombre moyen de tours pour arriver à un accord pour

$$T_{\max}^a = T_{\max}^v$$

		V		
		VA	VN	VC
A	AA	21.2609	22.2143	3.2571
	AN	21.3455	23.0000	4.5000
	AC	22.1408	22.7101	1.0000

Tableau 28: Nombre moyen de tours pour arriver à un accord pour

$$T_{\max}^{a} = T_{\max}^{v}$$

iii. **Cas3: Utilités moyennes des négociateurs pour** $T_{\max}^{a} < T_{\max}^{v}$

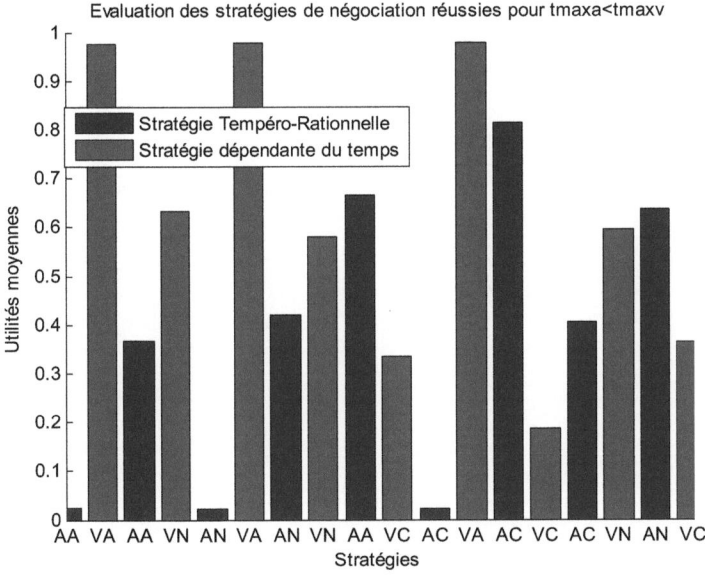

Figure 75: Utilités moyennes des joueurs en Négociation réussies pour

$$T_{\max}^{a} < T_{\max}^{v}$$

		V		
		VA	VN	VC
A	AA	0.0261 0.9739	0.3655 0.6345	0.6663 0.3337
	AN	0.0221 0.9779	0.4190 0.5810	0.6371 0.3629
	AC	0.0223 0.9777	0.4052 0.5948	0.8138 0.1862

Tableau 29: Utilités moyennes des joueurs en Négociation réussies pour

$$T_{\max}^{a} < T_{\max}^{v}$$

❖ **Pourcentage d'accord**

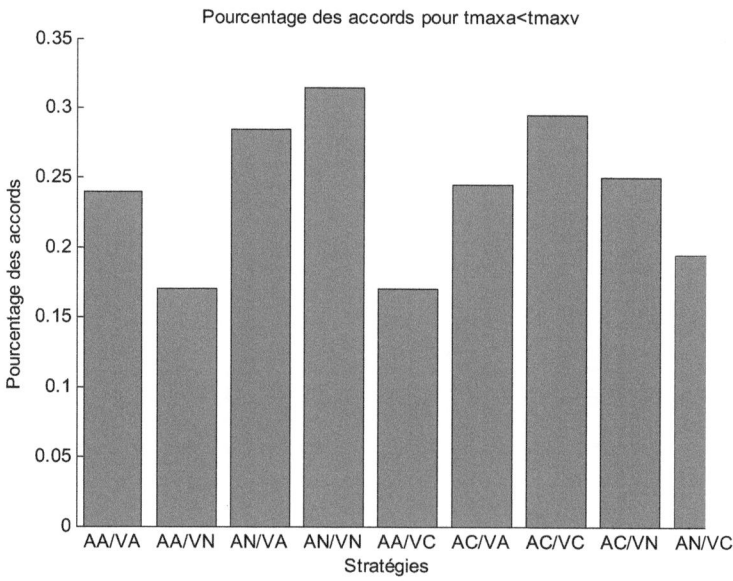

Figure 76: Pourcentage des accords pour $T_{\max}^{a} < T_{\max}^{v}$

		V		
		VA	VN	VC
A	AA	0.2400	0.1700	0.1700
	AN	0.2850	0.3150	0.1950
	AC	0.2450	0.2500	0.2950

Tableau 30: Pourcentage des accords pour $T^a_{\max} < T^v_{\max}$

❖ **Moyenne du nombre de tours pour $T^a_{\max} < T^v_{\max}$**

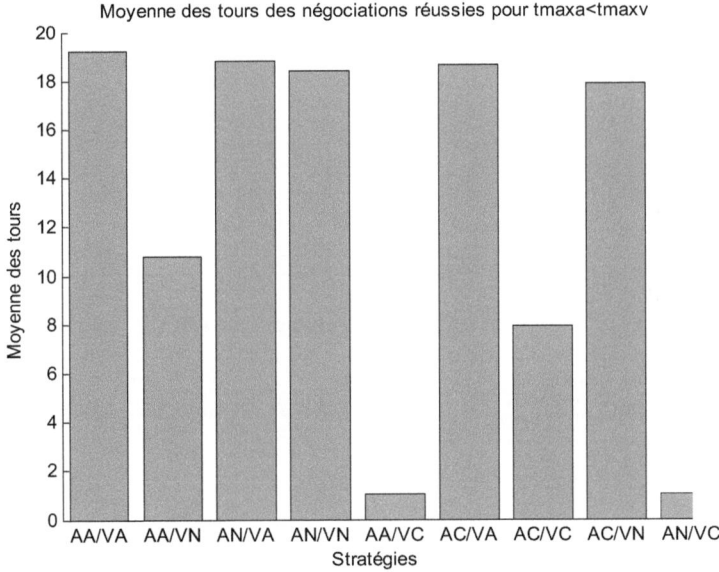

Figure 77: Nombre moyen de tours pour arriver à un accord pour

$$T^a_{\max} < T^v_{\max}$$

		V		
		VA	VN	VC
A	AA	19.1875	10.7705	1.0000
	AN	18.7719	18.3810	1.0000
	AC	18.6531	17.8400	7.8983

Tableau 31: Nombre moyen de tours pour arriver à un accord pour

$$T_{\max}^a < T_{\max}^v$$

3. La Base des règles d'Evaluation du degré de rationalité

SI P_a^R est petit ET P_a^P est petit ET β est très-petit ALORS δ est très-petit

SI P_a^R est petit ET P_a^P est moyen ET β est très-petit ALORS δ est très-petit

SI P_a^R est petit ET P_a^P est grand ET β est petit ALORS δ est petit

SI P_a^R est petit ET P_a^P est très-grand ET β est très-petit ALORS δ est petit

SI P_a^R est moyen ET P_a^P est petit ET β est très-petit ALORS δ est très-petit

SI P_a^R est moyen ET P_a^P est moyen ET β est très-petit ALORS δ est très-petit

223

SI P_a^R est moyen ET P_a^P est grand ET β est très-petit ALORS δ est petit

SI P_a^R est moyen ET P_a^P est très-grand ET β est très-petit ALORS δ est petit

SI P_a^R est grand ET P_a^P est petit ET β est très-petit ALORS δ est très-petit

SI P_a^R est grand ET P_a^P est moyen ET β est très-petit ALORS δ est très-petit

SI P_a^R est grand ET P_a^P est grand ET β est très-petit ALORS δ est petit

SI P_a^R est grand ET P_a^P est très-grand ET β est très-petit ALORS δ est petit

SI P_a^R est très-grand ET P_a^P est petit ET β est très-petit ALORS δ est petit

SI P_a^R est très-grand ET P_a^P est moyen ET β est très-petit ALORS δ est petit

SI P_a^R est très-grand ET P_a^P est grand ET β est très-petit ALORS δ est petit

SI P_a^R est très-grand ET P_a^P est très-grand ET β est très-petit ALORS δ est petit

SI P_a^R est petit ET P_a^P est petit ET β est petit ALORS δ est très-petit

SI P_a^R est petit ET P_a^P est petit ET β est moyen ALORS δ est moyen

SI P_a^R est petit ET P_a^P est petit ET β est grand ALORS δ est grand

SI P_a^R est petit ET P_a^P est petit ET β est très-grand ALORS δ est très-grand

SI P_a^R est petit ET P_a^P est moyen ET β est petit ALORS δ est petit

SI P_a^R est petit ET P_a^P est moyen ET β est moyen ALORS δ est moyen

SI P_a^R est petit ET P_a^P est moyen ET β est grand ALORS δ est grand

SI P_a^R est petit ET P_a^P est moyen ET β est très-grand ALORS δ est très-grand

SI P_a^R est petit moyen ET β est petit ALORS δ est petit

SI P_a^R est petit ET P_a^P est grand m ET β est moyen ALORS δ est moyen

SI P_a^R est petit ET P_a^P est grand ET β est grand ALORS δ est grand

SI P_a^R est petit ET P_a^P est grand ET β est très-grand ALORS δ est très-grand

SI P_a^R est petit ET P_a^P est très-grand ET β est petit ALORS δ est petit

SI P_a^R est petit ET P_a^P est très-grand ET β est moyen ALORS δ est moyen

SI P_a^R est petit ET P_a^P est très-grand ET β est grand ALORS δ est grand

SI P_a^R est petit ET P_a^P est très-grand ET β est très-grand ALORS δ est très-grand

SI P_a^R est moyen ET P_a^P est petit ET β est petit ALORS δ est petit

SI P_a^R est moyen ET P_a^P est petit ET β est moyen ALORS δ est moyen

SI P_a^R est moyen ET P_a^P est petit ET β est grand ALORS δ est grand

SI P_a^R est moyen ET P_a^P est petit ET β est très-grand ALORS δ est grand

SI P_a^R est moyen ET P_a^P est moyen ET β est petit ALORS δ est, petit

SI P_a^R est moyen ET P_a^P est moyen ET β est moyen ALORS δ est moyen

SI P_a^R est moyen ET P_a^P est moyen ET β est grand ALORS δ est grand

SI P_a^R est moyen ET P_a^P est moyen ET β est très-grand ALORS δ est grand

SI P_a^R est moyen ET P_a^P est grand ET β est petit ALORS δ est petit

SI P_a^R est moyen ET P_a^P est grand ET β est moyen ALORS δ est moyen

SI P_a^R est moyen ET P_a^P est grand ET β est grand ALORS δ est grand

SI P_a^R est moyen ET P_a^P est grand ET β est très-grand ALORS δ est grand

SI P_a^R est moyen ET P_a^P est très-grand ET β est petit ALORS δ est petit

SI P_a^R est moyen ET P_a^P est très-grand ET β est moyen ALORS δ est moyen

SI P_a^R est moyen ET P_a^P est très-grand ET β est grand ALORS δ est grand

SI P_a^R est moyen ET P_a^P est très-grand ET β est très-grand ALORS δ est grand

SI P_a^R est grand ET P_a^P est petit ET β est petit ALORS δ est petit

SI P_a^R est grand ET P_a^P est petit ET β est moyen ALORS δ est moyen

SI P_a^R est grand ET P_a^P est petit ET βest grand ALORS δ est moyen

SI P_a^R est grand ET P_a^P est petit ET β est très-grand ALORS δ est moyen

SI P_a^R est grand ET P_a^P est moyen ET β est petit ALORS δ est petit

SI P_a^R est grand ET P_a^P est moyen ET β est moyen ALORS δ est moyen

SI P_a^R est grand ET P_a^P est moyen ET β est grand ALORS δ est moyen

SI P_a^R est grand ET P_a^P est moyen ET β est très-grand ALORS δ est moyen

SI P_a^R est grand ET P_a^P est grand ET β est petit ALORS δ est petit

SI P_a^R est grand ET P_a^P est grand ET β est moyen ALORS δ est moyen

SI P_a^R est grand ET P_a^P est grand ET β est grand ALORS δ est moyen

SI P_a^R est grand ET P_a^P est grand ET β est très-grand ALORS δ est, grand

SI P_a^R est grand ET P_a^P est très-grand ET β est petit ALORS δ est, petit

SI P_a^R est grand ET P_a^P est très-grand ET β est moyen ALORS δ est moyen

SI P_a^R est grand ET P_a^P est très-grand ET β est grand ALORS δ est moyen

SI P_a^R est grand ET P_a^P est très-grand ET β est très-grand ALORS δ est grand

SI P_a^R est très-grand ET P_a^P est petit ET β est petit ALORS δ est petit

SI P_a^R est très-grand ET P_a^P est petit ET β est moyen ALORS δ est moyen

SI P_a^R est très-grand ET P_a^P est petit ET β est grand ALORS δ est moyen

SI P_a^R est très-grand ET P_a^P est petit ET β est très-grand ALORS δ est moyen

SI P_a^R est très-grand ET P_a^P est moyen ET β est petit ALORS δ est petit

SI P_a^R est très-grand ET P_a^P est moyen ET β est moyen ALORS δ est moyen

SI P_a^R est très-grand ET P_a^P est moyen ET β est grand ALORS δ est moyen

SI P_a^R est très-grand ET P_a^P est moyen ET β est très-grand ALORS δ est moyen

SI P_a^R est très-grand ET P_a^P est grand ET β est petit ALORS δ est petit

SI P_a^R est très-grand ET P_a^P est grand ET β est moyen ALORS δ est moyen

SI P_a^R est très-grand ET P_a^P est grand ET β est grand ALORS δ est moyen

SI P_a^R est très-grand ET P_a^P est grand ET β est très-grand ALORS δ est grand

SI P_a^R est très-grand ET P_a^P est très-grand ET β est petit ALORS δ est petit

SI P_a^R est très-grand ET P_a^P est très-grand ET β est moyen ALORS δ est moyen

SI P_a^R est très-grand ET P_a^P est très-grand ET β est grand ALORS δ est moyen

SI P_a^R est très-grand ET P_a^P est très-grand ET β est très-grand ALORS δ est grand

Liste des Figures

Comme indiqué dans la Figure 30, la variable de sortie *car* est définit par les 4 fonctions d'appartenance {très-agressif, agressif, conciliateur, très-conciliateur}. 86

Listes des tableaux

Chapitre 7: Références Bibliographiques

1. *Using Similarity Criteria to Make Issue Trade-Offs in Automated Negotiations.* **P. Faratin, C. Sierra and N. R. Jennings.** 2002, Artificial Intelligence, pp. 205--237.

2. *On agent-based software engineering.* **Wooldridge, Nicholas R. Jennings and Michael.** 2, 2000, Artificial Intelligence, Vol. 117, pp. 277-296.

3. *Fuzzy Logic to Support Bilateral Agent Negotiation in E-commerce.* **Yu, Zuo Bao-he and Sun.** Shanghai, China : s.n., 2009, International Conference on Artificial Intelligence and Computational Intelligence, Vol. 4, pp. 179 - 183.

4. *Building Negotiation Decision Support Systems by Integrating Game Theory and Heuristics.* **Bellucci, John Zeleznikow and Emilia.** 2004, Artificial Intelligence and Law, Vol. 7, pp. 2-3.

5. *A heuristic personality-based bilateral multi-issue bargaining model in electronic commerce.* **Faria Nassiri-Mofakham, Mohammad Ali Nematbakhsh, Nasser Ghasem-Aghaee, Ahmad Baraani-Dastjerdi.** 1, 2009, International Journal of Human-Computer Studies, Vol. 67, pp. 1-35.

6. *A Review of Research Literature on Bilateral Negotiations.* **Cuihong Li, Joseph Giampapa and Katia Sycara.** Carnegie Mellon University : s.n., 2003, Technical Report CMU-RI-TR-03-41.

7. **Delivre, François.** *"Le pouvoir de négocier. S'affronter sans violence :*

l'espace gagnant-gagnant en négociation. Paris : Dunod-InterEditions, 2005.

8.. *La négociation : conduite, théorie, applications* **Dupont, Christophe.** Paris : Dalloz, 1986.

9. *On agent-based software engeneering.* **Jennings, Nicholas R.** 2, March 2000, Artificial Intelligence, Vol. 117, pp. 277-296 .

10. **ALBIN, CECILIA.** Justice, Fairness, and Negotiation: Theory and Reality. [auteur du livre] Hiroshi Kimura,I. William Zartman Peter Berton. *International Negotiation: Actors, Structure/Process, Values.* New-York : s.n., 1999, pp. 258-290.

11. *Approcher la dimension interculturelle en négociation internationale.* 154, juin 2004, Lavoisier, pp. 187-199.

12. *Using similarity criteria to make issue trade-offs in automated negotiations.* 2, December 2002, Artificial Intelligence, Vol. 142, pp. 205-237 .

13. *Automated Negotiation: Prospects, Methods and Challenges.* **N.R. Jennings, P. Faratin, A.R. Lomuscio, S. Parsons, M.J. Wooldridge, C. Sierra.** 2, March 2001, Group Decision and Negotiation, Vol. 10, pp. 199-215.

14. **E., Mandiau R. Grislin-Le Strugeon.** Panorama et applications des Systèmes Multi-Agents. *La Collection Techniques de l'Ingénieur.* Paris : s.n., 2000, Vol. 810.

15. **J., Ferber.** *Les systèmes multi-agents, vers une intelligence collective.*

InterEditions. Paris : s.n., 1995. Vol. IIA.

16. *Monotonic concession protocols for multilateral negotiation.* **Endriss, Ulle.** May 2006, AAMAS '06 , The ACM Digital Library.

17. *Bargaining, mergers, and technology choice in bilaterally oligopolistic industries.* **Wey, Roman Inderst and Christian.** 2981, September 2001, Industrial Organization.

18. *Distributed rational decision making.* **Sandholm, T.** [éd.] G. Weiss (Ed.). Cambridge : s.n., March 1999, Multiagent Systems, MIT Press, pp. 201–258.

19. *A fuzzy constraint based model for bilateral,multi-issue negotiations in semi-competitive environments.* **Xudong Luo, Nicholas R. Jennings , Nigel Shadbolt ,Ho-fung Leung , Jimmy Ho-man Lee.** 2003 , Artificial Intelligence, Vol. 148 , pp. 53–102.

20. *Alternating-Offers Protocol for Multi-issue Bilateral Negotiation in Semantic-Enabled Marketplaces.* **Azzurra Ragone, Tommaso Di Noia, Eugenio Di Sciascio, Francesco M. Donini.** [éd.] Springer Berlin Heidelberg. Busan, Korea : s.n., 2007. Vol. 4825. 10.1007/978-3-540-76298-0_29.

21. **Mousli, Marc.** *Négocier. L'art et la manière.* [éd.] Maxima. Paris : s.n., 2003. p. 220.

22. **Dupont, Christophe.** *La négociation : conduite, théorie, applications .* Paris : Dalloz, 1986.

23. *Application of information theory to query negotiation: Toward an*

optimal questioning strategy. **G. Meghabghab, D. Bilal.** 6, July 1991, Journal of the American Society for Information Science, Vol. 42, pp. 457-462.

24. *On Constraint based Reasoning in eNegotiation agents .* **Kowalczyk, R. and V. Bui.** 2003, Agent Mediated Electronic Commerce III. F. Dignum and U. Cortes, Springer Verlag, pp. 31-46.

25. *Constraint-directed negotiation of resource reallocation.* **18. Sathi, A. and M.S. Fox. (1989). ". II, pages 163--195, San Mateo, , . .** California : L. Gasser and M. Huhns, 1989, Distributed Artificial Intelligence, Vol. 2, pp. 163-195.

26. *The distributed constraint satisfaction problem: formalization and algorithms.* **Yokoo, M., E. H. Durfee, T. Ishida, and K. Kuwabara.** 5, 1998, IEEE Transactions on Knowledge and Data Engineering, Vol. 10, pp. 673-685.

27. *Bayesian learning in negotiation.* **Zeng, D. and K. Sycara.** 1998, International Journal Human-Computer Studies , Vol. 48, pp. 125-141.

28. *An adaptive bilateral negotiation model based on Bayesian learning.* **Yu C., Ren F. and Zhang M.** 2013, Studies in Computational Intelligence, Vol. 435, pp. 75-93.

29. *The Castle on the Hill .* **Levine, D. K.** [éd.] Issue. 2000, Review of Economic Dynamics.

30. **Fisher, Roger et Ury William, Patton Bruce.** *Comment réussir une négociation.* Paris : Seuil, 1998.

31. *Agent-mediated Integrative Negotiation for Retail Electronic Commerce.* **Maes, Robert H. Guttman and Pattie.** 1999 , Springer, Vol. 1571, pp. 70-90.

32. **Ghazal, Michel et Halifa, Yves.** *Circulez y a rien à...négocier! Radioscopie d'un conflit.* Paris : Seuil, 1992.

33. **Kreps.** *Théorie des Jeux et modélisation économique.* [éd.] DUNOP. Paris : Théorie Economique, 1999.

34. *Adaptability in Agent-based E-Commerce Negotiation.* **M. Opera.** Innsbruck, Austria : s.n., February 2002, tutorial notes of the 20th LASTED International Conference Applied Informatics AI'02- symposium Artificial ntelligence Application-AIA'02.

35. *Bounded Rationality, Institutionalism and the Diversity of Economic Institutions.* **Pagano, U.** 1999, Working Paper, University of Siena.

36. *Decisions with Multiple Objectives: Preferences and Value Tradeoffs.* **Keeney, R., and Raiffa, H.** New York : s.n., 1976, John Wiley.

37. *Comments on the Interpretation of Game Theory.* **Rubinstein, A.** 1991, Econometrica, Vol. 59, pp. 909-924.

38. *Generalized Nash Equilibrium Problems.* **Kanzow, Francisco Facchinei · Christian.** Novembre 2009, Springer Science+Business Media.

39. *Fondement épistémiques de concepts d'équilibre en théorie des jeux .* **Lucie MÉNAGER, Olivier TERCIEUX.** 114 et 115, 2ème et 3ème trimestres 2006, REVUE D'ÉCONOMIE INDUSTRIELLE.

40. *La Théorie des Jeux.* **G., GIRAUD.** Paris : s.n., 2000, Champs Université, Flammarion.

41. *Perfect equilibrium in a bargaining model.* **Rubinstein, A.** 50, 1982, Econometrica , pp. 97-109.

42. *Reexamination of the Perfectness Concept for Equilibrium Points in Extensive Games.* **Selten, Reinhard.** 1, 1975, International Journal of Game Theory , Vol. 4, pp. 25–55.

43. *On the Status of the Nash Type of Noncooperative Equilibrium in Economic Theory.* **Johansen, L.** 1982, Scandinavian Journal of Economics, Vol. 84, pp. 421-441.

44. *The Nash Bargaining Solution in Economic Modelling .* **Binmore, K. G., A. Rubinstein, et A. Wolinsky.** 1986, Rand Journal of Economics, Vol. 17, pp. 176–188.

45. *Auxiliary Problem Principle and Decomposition of OptimizationProblems ".* **Cohen", G.** 1980, Journal of optimization Theory and Applications, Vol. 32, pp. 277-305.

46. *Necessary and sufficient conditions in constrained optimization.* **Mond, M. A. Hanson and B.** 1, Mathematical Programming, Vol. 37.

47. *Constrained optimization and Lagrange multiplier methods.* **Bertsekas, D.P.** 1982, Academic Press.

48. *Games and Decision.* **D. Luce, H. Rai¤a.** 1957, Wiley.

49. *Negotiation decision functions for autonomous agents .* **Peyman Faratin, Carles Sierra , Nick R. Jennings.** 1998, International Journal of

Robotics and Autonomous Systems , Vol. 24.

50. *Equilibres de Cournot dans les grands marchés.* **Frayssé, J.** [éd.] Editions du CNRS. 1986, Monographies d'Econométrie.

51. *Personality, character and temperament: the cross-language structure of traits.* **R.Goldberg, and G.Saucier.** 2006, Psychologie française, Vol. 51(3), pp. 265-284.

52. *Simulating Continuous Fuzzy Systems.* **James J. Buckley, Leonard J. Jowers.** 2005, Fuzziness and Soft Computing, Springer, Vol. 188.

53. *Fuzzy-logic Basics: Intuitive Rules Replace Complex Math.* **Brubaker, David I.** August, 1992, EDN Asia, pp. 59-63.

54. **Chi-Bin, Cheng Chu-Chai Henry Chan, Cheng-Chuan Lin.** IEEE. *Proceedings of the Third International Conference on Information Technology and Applications (ICITA'05).* 2005.

55. **Zadeh, L. A.** *Fussy Sets. Information and Control.* 1965. Vol. 8.

56. **Faratin, P.** *Automated Service Negotiation Between Autonomous Computational Agents.* Queen Mary College. London, England : s.n., 2001. PhD Thesis.

57. *Surmonter les obstacles dans la résolution des conflits .* **Mnookin, Robert.** 153, juin 2004, cairn, pp. 237 - 254.

58. **Hong Zhang, Yuhui Qiu.** Negotiation Based on Personality. [auteur du livre] Zhongzhi Shi and Qing He. *IFIP International Federation for Information Processing.* China : s.n., 2005, Vol. 163 , pp. 45-49.

59. *Applications of Intelligent Agents.* **Wooldridge, N.R. Jennings et M.** 1998, Springer-Verla, Vol. 3, p. 13.

60. *Kasbah : An Agent Marketplace place for Buying and selling Goods.* **Chavez, A. and Maes, P.** London : s.n., In Proceedings of the First International Conference on the Practical Application of Intelligent Agents and Multi-Agent Technology.

61. *Applying Game Theory.* **Ken Binmore, Nir Vulkan.** April 1997, Economics, Game Theory and the Internet.

62. *Using similarity criteria to make issue trade-offs.* **C. Sierrab, N.R. Jennings P. Faratin.** 2002, Artificial Intelligence , Vol. 142, pp. 205–237.

63. *Intelligent Software : Programs that can act independently will ease the burdens that computers put on people.* **P, Maes.** 3, September 1995, Scientific American, Vol. 273, pp. 84-86.

64. *ELIZA—a computer program for the study of natural language communication between man and machine.* **Weizenbaum, Joseph.** 1, January 1966 , ACM , Vol. 9.

65. *An overview of agent-oriented programming.* **Shoham, Y.** Menlo Park, California : American Association for arficial Intelligence, 1997, In J.M.Brashaw, pp. 271-290.

66. *Agent-based software engineering.* **Jennings, N. R.** 2, 2000, Artificial Intelligence, Vol. 117, pp. 277-296.

67. **J., Ferber.** *Les systèmes multi-agents : vers une intelligence collective.* Inter-Editions. Paris : s.n., 1995.

248

68. *Agent-Oriented Software Engineering.* **Jennings, N., and Wooldridge, M.** s.l. : AAAI/MIT Press., 2000, In Handbook of Agent Technology (ed. J. Bradshaw).

69. *A Roadmap of Agent Research and Development.* **JENNINGS N., SYCARA K., WOOLDRIDGE M.,.** 1, July 1998, Autonomous Agents and Multi-Agent Systems, Vol. 1, pp. 7-38.

70. *Artificial Intelligence and Human Decision Making.* **J-C, Pomerol.** 1997, European Journal of Operations Research, Vol. 99, pp. 3-25.

71. *Unifying control in a layered agent architecture.* **Fisher K., Müller J.P., Pischel M.** 1995, Agent Theory, Architecture and Language Workshop 95, pp. 240-252.

72. *Learning and Emotional Intelligence in Agents.* **El-Nasr, M. S., Ioerger, T. R. and Yen, J.** Floride : s.n., 1998, In: Proceedings of AAAI (American Association for Artificial Intelligence) Fall Symposium on Emotional Intelligence.

73. *A domain-independant Framework for modeling emotion.* **Gratch, J. and Marsella, S.** 4, 2004, Journal of Cognitive Systems Research, Vol. 5, pp. 269-306.

74. *eMediator: A next generation electronic commerce server.* **Sandholm, Tuomas.** 4, 2002, Computational Intelligence, Vol. 18.

75. *The Michigan Internet AuctionBot: a configurable auction server for human and software agents.* **Peter R. Wurman, Michael P. Wellman, William E. Walsh.** May 1998, AGENTS '98 Proceedings of the second international conference on Autonomous agents .

76. *Fuzzy sets.* **Zadeh, L. A.** 1965, Information and Contro, Vol. 8, pp. 338-353.

77. *An experiment in linguistic synthesis with a fuzzy logic controller.* **E. H. Mamdani, S. Assilian.** 1975, International journal of Man-Machine Studies, Vol. 7 , pp. 1-13.

78. *Kbct: A knowledge extraction and representation tool for fuzzy logic based systems.* **José Alonso, Luis Magdalena, and Serge Guillaume.** July 2004, IEEE, editor, FUZZ'IEEE 2004, pp. 989-994.

79. **Bernadette Bouchon-Meunier, Christophe Marsala.** *Logique floue, principes, aide à la décision.* Lavoisier. 2003.

80. **Prade, Didier Dubois and Henri.** *Fundamentals of fuzzy sets.* s.l. : Kluwer Academic Publishers, 2000.

81. *What are fuzzy rules and how to use them.* **Prade., D. Dubois and H.** 2, 1996, Fuzzy Sets and Systems, Vol. 84, pp. 169-186.

82. **Guerrien, B.** *La théorie des jeux.* s.l. : Economica Poche, 1995.

83. **G. Demange, J.P. Ponssard.** *Théorie des Jeux et analyse économique.* s.l. : PUF, 1994.

84. **J., McMillan.** *Games, Strategies and Managers.* Oxford : Oxford University, 1992.

85. **Giraud, G.** *La théorie des jeux.* s.l. : Champs Université Flammarion, 2000.

86. **Kreps, M.** *Théorie des Jeux et modélisation économique.* Paris :

Dunod, 1999.

87. **Demange, Ponssard.** *Théorie des Jeux et analyse économique.* s.l. : PUF, 1994.

88. **al., Mas-Colell et.** Microeconomic Theory. 1995, pp. chap. 6--9.

89. **Myerson, Roger B.** *Game Theory : Analysis of Conflict.* s.l. : Harvard University Press, 1991.

90. **Osborne, Rubinstein.** *A Course in Game Theory. Pour des introductions plus élémentaires.* 1994.

91. **Giraud.** *La théorie des jeux.* s.l. : Flammarion, 2000. p. 317 .

92. **Osborne, Martin J.** *An Introduction to Game Theory.* s.l. : Oxford University Press, 2004. p. 533 .

93. *Correlated Equilibrium as an Expression of Bayesian Rationality.* **R., Aumann.** 1, 1987, Econometrica , Vol. 55, pp. 1-18.

94. **Levine, D. K.** *The Castle on the Hill.* this issue. s.l. : Review of Economic Dynamics, 2000.

95. **Kreps, David Marc.** *Théorie des Jeux et modélisation économique.* s.l. : DUNOP, 1999.

96. **Ligon, Thomas, and Worrall.** *Mutual Insurance Individual Savings and Limited Commitment.* this issue. s.l. : Review of Economic Dynamics, 2000.

97. *Bakcward Induction and Common Knowledge of Rationality.* **R, Aumann.** 1995, Games and Economic Behavior, Vol. 8, pp. 6-19.

98. *La théorie des jeux répétés : un instrument de décisions pour les autorités concurrentielles* . **Pénard, T.** Mai 1998, Revue Economique, Vol. 49, pp. 743-753.

99. *The bargaining problem.* **Nash, J. F.** 1950, Econometrica, Vol. 18, pp. 155-162.

100. *Negotiation Analysis. The Science and Art of Collaborative Decision Making.* **Raiffa, H., J. Richardson, et al.** Cambridge : s.n., 2003, Harvard University Press.

101. **Nash, P. and Hah, R.** Titrede l articvle. *Proceedings de IEEECVPR.* 2009, Vol. 5, pp. 34-40.

102. *On agent-based software engineering.* **Author, Nicholas R. JenningsE-mail The Corresponding.** 2, 2002, Artificial Intelligence, Vol. Volume 117, pp. 277-296.

103. *Using similarity criteria to make issue trade-offs.* **P. Faratin, C. Sierrab, N.R. Jennings.** 2002, Artificial Intelligence , Vol. 142, pp. 205–237.

104. *Fuzzy Logic to Support Bilateral Agent Negotiation in E-commerce.* Nov 2009 , IEEE , pp. 179 - 183 .

105. *A Review of Research Literature on Bilateral.* **Cuihong Li, Joseph Giampapa.** Nov 2003, Navy Detailing Process,Cognitive Agents Technology Project.

106. *A heuristic personality-based bilateral multi-issue bargaining model in electronic commerce.* **Faria Nassiri-Mofakham, and al.** 1, January

2009, International Journal of Human-Computer Studies, Vol. 67, pp. 1-35.